# L'HISTOIRE
## ROMAINE
### DE
# C. VELLEIVS
## PATERCVLVS.

*A MARCVS VINICIVS CONSVL.*

# A PARIS,

Chez IEAN GESSELIN, ruë sainct Iacques à l'Aigle
d'or : Et en sa boutique au Palais en la gallerie
des prisonniers.

M. DC. XVI.

*Auec Priuilege du Roy.*

# L'HISTOIRE ROMAINE
## DE C. VELLEIVS PATERCVLVS.

*A MARCVS VINICIVS CONSVL.*

### LIVRE I.

*.*. la tempeste l'ayant separé de son Capitaine Nestor, il bastit Metapont. Teucer desaduoüé de son pere Thelamon, pour auoir esté trop poltron à venger l'injure de son frere, abordé en Cypre fit bastir Salamine du nom de sa patrie. Pyrrhe fils d'Achille se saisit d'Epire, & Philippe d'Ephyre en Thesprotie. Mais le Roy Agamemnon repoulsé par la tépeste en l'isle de Crete y ietta les fondements de ces trois Citez (tant à la memoire de son nom, que de sa victoire) Mycene, Tegee, & Troye: en mesme temps par les forfaits & paillardises d'Egisthe, & de Clitemnestre, pratiquants vne haine capitale & hereditaire en son endroit, on l'assassine. Egisthe jouït du Royaume par l'espace de sept ans: En fin Orestes accompagné de sa sœur Electre, femme d'vne constance virile & fidelle garde de tous ses conseils, esgorge sa mere & Egisthe. Il parut durant sa vie, & par l heureux succez de son Empire, que ceste execution fut approuuee des Dieux: car il vescut xc. ans, & en regna lxx. apres s'estre vengé de Pyrrhe, fils d'Achille; l'ayant tué en Delphes, pource qu'il auoit violé les nopçes de Menelaüs & d'Hermione fille d'Helene. Durant ce temps Lyde & Tyrrhene fretes, regnans en Lydie, pressez par la sterilité de leur pays, ietterent au sort lequel d'eux le quitteroit auec vne partie des habitans: le sort cheut sur Tyrrhene, lequel abordé en Italie, y eternisa son nom, & le lieu, & la mer. Apres la mort d'Oreste, Penthelus & Tisamenus ses fils regnerent trois ans.

Alors, l'an presque huictante de la prise de Troye, cent & vingtiesme apres qu'Hercules decedé fut mis au nombre des Dieux, la race de Pelops, qui (les Heracliens chassez auoit tou-

*I.*
*Metapont basty.*

*Salamine.*

*Ephyre.*

*Mycene.*
*Tegee.*
*Troye.*

*Egisthe Roy.*
*Orestes.*

*Mort de Pyrrhe*

*Tyrrhene vient en Italie.*

*Les fils d'Orestes*

*II.*

*Les Heracliens.*

siours eu depuis domination sur l'Empire du Peloponnese, fut chassee par la race d'Hercule. Temin Cresphontes & Aristodemus furent les chefs de recouurer l'Empire du pere-grand de leur bizayeul. Peu de temps apres Athenes cessa d'estre sous l'Empire des Roys; le dernier desquels fut Codrus fils de Melanthus, Capitaine dont on ne doit oublier la memoire : car tandis que les Lacedemoniens oppressoient ceux d'Attique d'vne guerre sanglante, ayans eu response par l'Oracle Pythien, *Que ceux-là resteroient vainqueurs, de qui le chef seroit occis par l'ennemy;* posant son vestement royal, il se reuestit de l'habit d'vn berger, & ainsi desguisé s'en alla au camp des ennemis, où ayant pris vne querelle à dessein, mais mal à propos, il fut mis à mort. Vne gloire immortelle fut compagne du trespas volontaire de Codrus, & la victoire tesmoigna combien grande estoit la gloire des Atheniens. Qui n'admirera cest Athenien, d'auoir recherché la mort par les artifices desquels les courages lasches se seruent pour prolonger leur vie ? Son fils Medon fut le premier Archon d'Athenes (d'où ses successeurs furent nommez Medontides :) & eux & les Archons suiuans, iusqu'à Charops, s'attribuoient cest honneur durant leur vie. Ceux du Peloponnese sortans hors les limites d'Attique bastirent Megare, qui est entre Corinthe & Athenes. En mesme temps, les Tyriens fort experts en la nauigation, commencerent l'edifice de Gades en la derniere contree d'Espagne, & aux dernieres bornes de nostre climat; c'est vne Isle enuironnee de l'Ocean, separee de la terre ferme par bien-peu de mer. Les mesmes Peloponnesiens peu d'annees apres bastirent Vtique en Afrique. Les fils d'Orestes chassez par les Heracliens, & agitez, tant de plusieurs inconueniens, que des tourmentes de la mer, s'arresterent en fin autour de l'isle de Lesbos, le quinziesme an de leur voyage.

Alors la Grece estant troublee à cause de diuers remuëments, les Achayens chassez de Laconice se saisirent des demeures où ils sont à present. Les Pelasgiens s'en allerent demeurer à Athenes; & vn ieune soldat fort magnanime, nommé Thessalus, Thesprotien de natiō, suiuy d'vne bōne troupe de guerriers, se rendit maistre du pays que son nom a fait appeller Thessalie; & qu'auparauant on nommoit la cité des Myrmidons : Ce qui a faict qu'on s'est mocqué de ceux-là, lesquels escriuans de ce qui s'est passé durant le siege de Troye, en parlent comme si deslors on l'eust appellé Thessalie; & entre-autres les Tragicques. Ce que tou-

ßesfois il ne leur faut accorder, ains s'en rapporter pluſtoſt au dire
de ceux qui ont veſcu en ce temps là, que non pas aux Poëtes.
Que ſi quelqu'vn me dit qu'ils ont eſté nommez Theſſaliens de
Theſſale , fils d'Hercules, il faudra qu'il rende raiſon, pourquoy
eſt-ce qu'auant ce Theſſale Theſphrotien, ceſte nation ne s'eſt
iamais attribuee ce nom? Vn peu auparauant, Haletes, le ſixieſme apres Hercules, fils d'Hipos, baſtit Corinthe, ( qui auoit au- *Corinthe.*
trefois eſté Ephire) dans l'Iſthme ( ou deſtroit) du Peloponneſe.
Or eſt-il qu'on ne ſe doit eſtonner, qu'Homere l'ait nommee Corinthe: car c'eſt par licence poëtique qu'il luy donne, & à d'autres
bourgades des Ioniens , les nõs dont on les appelloit en ſon tẽps,
biẽ qu'elles euſſent eſté baſties long tẽps apres la priſe de Troye.

    Les Atheniens s'emparerent d'Erethrie en l'Eubœe Chalci- **I V.**
de : & les Lacedemoniens, de Magneſia en Aſie. Peu apres les *Erethrie.*
Chalcidiens, yſſus ( comme nous auons dit) des Attiques , baſti- *Les Chalcidiens.*
rent Cumes en Italie, ſous la conduitte d'Hipocles & Megaſthe- *Cumes.*
nes. Les vns tiennent que ceſte armee fut guidee par le vol d'vne
colombe qui la deuançoit ; les autres par vn ſon nocturne,
tel qu'on a accouſtumé de faire aux ſacrifices de Ceres.
Vne partie de ces Chalcidiens baſtit Naples, quelque temps a- *Naples.*
pres. La fidelité que ces deux villes ont gardée touſiours aux Romains les rend auſſi capables de leur nobleſſe , qu'elles ſont plai-
ſantes , & agreables à voir. Ceux-cy eurent plus de ſoing de garder les couſtumes de leur pays ; & les Cumains s'accommoderẽt
à celles des Oſces leurs voiſins ; la largeur des murailles qu'on
void encores auiourd'huy, demonſtre aſſez la force & la puiſſance de ces Citez. Peu de temps apres vn grand nombre de ieuneſ-
ſe Grecque, aſſez forte pour s'habiter en quelque part, s'en vint
fondre en Aſie: car les Ioniens, ſous la charge de leur Capitaine *Ionie.*
Ion, partis d'Athenes, ſe ſaiſirent de la principalle partie de la
region maritime, & baſtirent Epheſe , Milet Colophone, Prie-
ne, Lebede, Myunte, Erithre, Clazomene & Phocee: ſe rendans
maiſtres en l'Egee & Icarie, des Iſles de Samos, Chio, Andros,
Tenes, Phare, Delos, & autres. Les Eoliens partis de la Grece
par vn meſme chemin , agitez de beaucoup d'accidens , gaigne-
rent des places non moins fortes que les autres , & baſtirent les
villes de Smyrne, Cymen , Lariſſe , Myrine , Mitylene , & pluſieurs autres qui ſont en l'Iſle de Leſbos.

    Le bel eſprit d'Homere ſe fit paroiſtre par apres, grand ſans **V.**
comparaiſon, qui par la beauté de ſes œuures , & merite de ſes *Homere.*

a iij

vers, a esté seul digne du nom de Poëte. Mais ce qui l'a fait d'autant plus admirable, ç'a esté de n'auoir eu auant luy aucun pour imiter, & de s'estre rendu apres inimitable; sans que nous puissions trouuer personne qui ait atteint en ses œuures vne perfection, que luy & Archilochus. Cestuy-cy a bien esté plus long temps depuis la guerre Troyenne qu'il a descrite, que quelques-vns n'estiment pas: car il a fleury auant les annees DCCCCL. & fut né dans les mille ans. D'où vient qu'il ne se faut estonner s'il vsurpe souuent, * * car cecy fait la difference des siecles aussi bien que des hommes. Que si quelqu'vn estime qu'il soit né aueugle il erre grandement.

VI.<br>L'Empire des Assyriens.

Par succession de temps l'Empire d'Asie fut transferé aux Medes par les Assyriens, qui l'auoient tenu l'espace de M.LXX. annees, qui fut enuiron les DCCLXX. ans: car Pharnaces Medien rauit l'Empire & la vie à leur Roy Sardanapale, qui estoit aban-

Sardanapale.

donné à toutes sortes de delices, & trop heureux en son dommage: Il estoit descendu de Ninus & Semiramis en ligne directe au trente-troisiesme degré; de telle façon qu'il pouuoit tousiours succeder au Royaume paternel. En cest aage-là, Licurgue Lace-

Licurgue.

demonien, le plus noble de toute la Grece, comme estant de sang royal, fit des loix tres-seueres & tres-iustes, & fut l'autheur d'vne discipline necessaire à Sparte, qui fleurist tousiours tandis qu'elle les obserua. Durant cest espace de temps, LXV. ans auant

Carthage bastie.

que Rome fut bastie, Elysse Tyrienne (qu'aucuns estiment auoir esté Didon) posa les fondements de Carthage. Ce fut alors que

Caranus.

Caranus de race Royale, & le seiziesme successeur d'Hercule, party d'Argos se fit Roy de Macedoine: d'où vient qu'Alexandre le Grand ayant esté le dix-septiesme, se vantoit à bon droict d'estre descendu d'Achilles du costé maternel; & d'Hercules, en ligne paternelle. Emilius Sura, aux Annales du peuple Romain a laissé par escrit, que, *Les Assyriens, Princes de toutes nations, ont tenu le premier Empire: & apres eux les Medes, les Perses, & les Macedoniens; & que les deux Roys Philippus & Antiochus yssus des Macedoniens, estans vaincus & subiuguez, vn peu apres la ruyne de Carthage, l'Empire escheut au peuple Romain.*

VII.

Il y a M.DCCCCXCV. ans de distance entre ce temps, & le commencement de Ninus Roy des Assyriens, qui comme Prince se fit Empereur souuerain. Hesiode fut de ce temps-là, dife-

Hesiode.

rant d'enuiron CXX. ans de l'aage d'Homere; homme, que son bel esprit, & la douceur coulante de ces vers rendent recommandable; fort defireux de l'honnefte loifir & du repos : auffi proche du temps comme de l'authorité du liure d'vn fi grand & docte perfonnage qu'Homere , ayant euité l'inconuenient où il eftoit tombé , en prenant à tefmoings fes parens , mais principalement fa patrie. Tandis que ie m'arrefte à raconter des eftrangers , il me vient en memoire vne opinion domeftique, erronnee , & beaucoup differente du iugement des Autheurs : Car quelques-vns difent, que par fucceffion de temps Capuë & Nole furent bafties par les Tufques , deuant les *Capuë & Nole.* DCCCXXX. annees ; auec lefquels ie ferois d'accord ; Mais de combien differe M. Caton, difant que Capuë a efté baftie par les mefmes Tufques , & par confequent Nole ; & que Capuë eftoit en fon entier, CCLX. ans enuiron deuant qu'elle fut prife par les Romains. Que s'il eft ainfi, qu'il y ait depuis fa prife CCXL. annees , il y en auroit D. depuis fes premiers fondements. Ie ne fçaurois croire ( fauf le meilleur aduis de Caton) qu'vne fi puiffante Cité ayt fleury , & ait efté rafee , releuee & augmentee en fi peu de temps.

Quelque temps apres vn celebre combat ludicre pour exercer les forces du corps & de l'efprit, donna commencement aux jeux Olympiques, Iphitus Elius en eftant l'inuenteur. Ceftuy-cy inuenta ces jeux auec vne foire DCCCCIV. ans, auant que toy M. Vinicius acceptaffes le Confulat. On tient qu'Atree auoit fait vn facrifice au mefme lieu , M. CCL. ans auparauant, lors qu'il ordonna des jeux funebres à l'honneur de fon pere Pelopes, où Hercule refta vainqueur en toutes fortes de côbats. Ce fut alors qu'il n'y eut plus des Archons perpetuels à Athenes , Alcmeon *Les Roys ou* ayant efté le dernier ; & qu'on commença à les créer & eflire de *Archons efleus* deux en deux ans. Laquelle couftume dura LXX. annees, iufqu'à *durant vn certain temps à* ce que le gouuernement de la Republique fut donné à des Ma- *Athenes, font* giftrats annuels. De ceux-là, le premier fut Charops, le dernier *faicts annuels.* Eryx : de ceux-cy le premier Creon. En la fixiefme Olympiade vingt & deux ans apres l'eftabliffement de la premiere, Romulus fils de Mars, pour venger l'iniure de fon ayeul baftit Rome és *Rome eft baftie.* Pariles. Depuis ce temps iufques à vos Confulats , il y a DCCLXXII. ans, & depuis la prife de Troye DCXXXVII. Ce que fit Romulus affifté des Legions de Latinus fon ayeul ( car ie fuis de l'opinion de ceux qui l'ont ainfi laiffé par efcrit) n'ayant peu autrement la main d'vn berger, non encore expert à la guerre, baftir vne telle ville, fi proche des Veiens , & autres Etruf-

VIII.

*Les Olympiades.*

Asyle.

ques & Sabins:& laquelle il aggrandit, biē qu'Asyle fuſt jà ſituee entre deux foreſts.Ceſtui-cy eſleut cent hommes, appellez Pères, pour le conſeil public,d'où ce nom de Patrice a pris ſon origine. Le rauiſſement des vierges Sabines     *     *     *
*     *          *          *          *     *

IX.

La guerre de Perſeus.

il demande celuy que l'ennemy auoit redouté.  Car les Conſuls auoient eſté combattus durant deux ans d'vne ſi variable fortune,que touſiours il reſta vainqueur, & aſſocia vne bonne partie des Grecs à ſa compagnie.  Les Rhodiens meſme, fort fidelles auparauant au peuple Romain,ayans veu l'eſtat de leur fortune, d'vne foy chancelante, ſemblerent plus enclins à ſuiure le party du Roy : & le Roy Eumenes neutre en ceſte guerre,ne ſatisfit ny aux premieres entrepriſes de ſon frere, ny à ſa vaillance. Alors le

Paulus Emilius.

Senat & le peuple Romain eſleurent Paulus Emilius Cōſul, perſonnage auſſi digne de loüange que ſa vertu eſtoit grande, qui triompha en dignité de Preteur & de Conſul; fils de ce Paulus, qui s'eſtant obſtinément opiniaſtré à ce dangereux combat qu'il entreprit à Cannes pour la Republique,y mourut ſi courageuſe-

Perſeus vaincu.

ment. Ceſtuy-cy chaſſa de ſon camp Perſeus en vne bataille ſignalee pres de la ville de Pydna, en Macedoine : & apres l'auoir mis en fuitte & desfait ſes troupes, il le contraignit de ſe retirer de Macedoine abandonné de tout eſpoir, & fuyr en l'Iſle Samothrace, où il ſe voüa auec prieres à la Religion du Temple. Cependant Cn. Octauius Lieutenant de l'armee nauale luy perſuada pluſtoſt par raiſons que par force, qu'il ſe ſoubſmiſt à la fidelité des Romains : Ainſi Paulus mena en triomphe vn tres-

Triomphes.

noble & puiſſant Roy. En laquelle annee, les triomphes d'Octauius Pretéur naual,& d'Anicius faiſant marcher le Roy des Illyriens deuant ſon char, furent fort renommez & celebres. Ceſt exemple nous apprend cōme vne belle fortune a touſiours l'enuie pour ſa compagnie, qui ſe ioint & attache à ceux qui ſont le plus haut eſleuez: car perſonne n'ayant ſeruy d'obſtacle au triomphe d'Octauius & d'Anicius , il s'en trouua qui taſcherent d'apporter de l'empeſchement à celuy de Paulus ; la magnificence duquel ſurpaſſa tellement les autres, tant par la grandeur du Roy Perſeus,que par les peintures, & en ce qu'il mit au threſor public deux cents mille H-s,que tous les autres triomphes n'ont iamais eſté comparables à ceſtuy cy.

X.

Antiochus.

En meſme temps , Antiochus Epiphanes (qui commença les jeux Olympiques à Athenes ) aſſiegeant en Alexandrie, Ptolomee Roy

mee Roy de Syrie encore enfant, M. Popillius Lenas fut enuoyé
luy commander qu'il euſt à ſe deſiſter de ſon entrepriſe : Antiochus feignant de deliberer à part ſoy ce qu'il luy deuoit reſpon-
dre, Lenas fit vn cerne auec vne baguette à l'entour du Roy, &   *Lenas.*
luy enjoignit de luy rendre reſponſe auant qu'il en ſortiſt : Antiochus obeyt au commandement ; & ainſi la conſtance d'vn Ro-
main diuertit ſon deſſein. Or Lucius Paulus jouyſſant d'vne grã-   *Accidents do-*
de victoire eut quatre fils. Les deux aiſnez furent donnez en ado-   *meſtiques ſurue-*
ption : L'vn à P. Scipion, fils de l'Africain, lequel ne retint   *nus à Paulus*
de la vertu paternelle, que le nom & la force de l'eloquence;   *Emilius.*
L'autre à Fabius Maximus. Et les autres deux puiſnez eſtoient
encore enfans au temps qu'il vainquit Perſeus. Peu auant
qu'il triomphaſt, racontant à la façon des Anceſtres hors la ville
& en face de l'aſſemblée, l'ordre de ſes exploicts, il pria les Dieux
immortels, *Que s'il y auoit quelqu'vn qui enuiaſt ſa fortune, qu'il ſe ve-*
*geaſt pluſtoſt ſur luy que ſur la Republique.* Ceſte parolle ſortant de ſa
bouche luy ſeruit d'vn preſage qu'il perdroit vne bonne partie de ſon ſang : Car peu de iours auant ſon triomphe, l'vn de
ſes enfans qu'il s'eſtoit reſerué pour ſa Maiſon, mourut; & l'autre
quelques iours apres. Enuiron ce triomphe, la Cenſure de Fuluius Flaccus, & Poſtumius Albinius fut fort rigoureuſe : car le
frere meſmes de Fuluius le Cenſeur, & ſon partiſan, fut chaſſé par
eux du Senat.

   Perſée vaincu, & mort quatre ans apres à Albe en vne libre pri-   XI.
ſon, vn certain Pſeudo-Philippe, qui ſe diſoit fauſſement du ſang   *Mort de Perſeus.*
Royal, quoy qu'iſſu de fort bas lieu, s'eſtant par armes ſaiſi de la   *Pſeudo-Phi-*
Macedoine, & des enſeignes Royales, fut bien toſt payé de ſa   *lippe.*
temerité : Car Q. Metellus Preteur (à qui ſa vertu donna le nom   *Q. Metellus.*
de Macedonien) le ſurmonta luy & ſes troupes par vne ſignalee
victoire, & mit à vau-de-route les Achayens, qui commençoient
à ſe reuolter. C'eſt ce Metellus Macedonien qui auoit fait ba-   *Ses baſtimens*
ſtir vn porche au milieu de deux corps d'hoſtel, ſans aucunes in-   *à Rome.*
ſcriptions, leſquels ſont maintenant enuironnez des galeries
d'Octauia; car il auoit apporté de Macedoine ce nombre de ſtatuës à cheual, qui ſont vis à vis du frontiſpice de ſes baſtiments.
Pluſieurs rapportent, qu'Alexandre fit faire au naturel ce grand
nombre de ſtatuës à Liſippus, en memoire des Caualiers qui
moururent au combat qu'il eut prez le fleuue Granicus, auec leſquelles il auoit auſſi fait mettre la ſienne. Ce Metellus fut le premier qui fit eſleuer vn baſtiment de marbre à Rome pour laiſſer

à la posterité vne marque ou de sa magnificence ou de son luxe. Aussi à peine pourroit-on trouuer homme de quelque nation, aage, & qualité que ce soit, la fortune duquel ait esté comparable à la sienne: Car outre les admirables triomphes, grands honneurs, premier lieu en la Republique; les longues annees qu'il vesquit, & les iustes querelles qu'il prit auec les ennemis pour la Republique, il esleua quatre fils, tous d'vn bel aage, qui luy suruesquirent auec beaucoup d'honneur: Et apres son decez tous quatre le porterent dans son lict aux Rostres: L'vn estoit Consulaire, & Censeur; L'autre, Consulaire: Le troisiesme, Consul: Et le quatriesme aspiroit à vn Magistrat, qu'il obtint. Tous les humains sont subiects à la mort, mais tous ne partent pas de ce monde si heureusement.

Toute l'Achaye, (comme nous auons dit cy-dessus) n'ayant respiré que guerre, & vne bonne partie y estant portée pour les guerrieres vertus du mesme Metellus Macedonien, les Corinthiens à cause des inimitiez qu'ils auoient contre les Romains prirent les armes: Mummius Consul fut deputé pour ceste guerre. Enuiron le mesme temps, par ce que les Romains aymoient mieux adiouster foy à tout ce qu'on disoit des Carthaginois, que d'en escouter ce qu'ils en deuoient croire, le Senat se delibera de destruire Carthage. Ce fut alors que P. Scipion Emilien (personnage qui ne s'estoit point forligné des vertus de son ayeul P. Africanus, ny de son pere L. Paulus, le premier de son siecle, soit en esprit & en sçauoir, soit en toutes les belles qualitez qui sont requises en temps de paix & de guerre, n'ayant durant sa vie fait ou dit aucune chose qu'elle ne fust loüable ) lequel P. Scipion Emilien, fils de Paulus, & adopté de Scipion, fils d'Africanus, ainsi que nous auons dit, demandant d'estre Edile, fut fait Consul. Il redoubla auec plus grande force la guerre que les Consuls ses deuanciers auoient faite durant deux ans contre les Carthaginois, ayãt esté desià salarié de la couronne murale en Espagne, & de l'obsidionale en Afrique: En Espagne, dis-je, où estant attaqué, ieune encore, & par consequent foible, il occist vn des ennemis de demesurée grandeur: laquelle ville de Carthage haye du nom Romain plustost par enuie de dominer, que pour injure receuë, il rasa & mit de fonds en comble, eternisant sa vertu aussi bien que la clemence de son ayeul. Carthage fut destruite, apres auoir esté en son entier l'espace de DCLXVII. ans il y a enuiron CLXXVII. annees, estans Consuls, Cn. Cornelius Lentulus, &

L. Mummius. Telle fut la fin de Carthage ennemie du peuple
Romain, laquelle nos anceftres commencerent d'attaquer, fous
le Confulat de Claudius & Fuluius, ccxcvi. ans auparauant que
toy M. Vinicius fuffes Conful. Ainfi durant cxv. ans, ou les apprefts de guerre, ou la guerre mefme, ou vne paix feinte & def-
guifee a efté entre ces deux nations ; fans que Rome ayant defià
fubiugué tout le monde, fuft hors de crainte, tandis que ce nom
de Carthage eftoit en reputation. Telle eft la haine qui prouient
des combats, laquelle dure plus que la crainte , & n'abandonne
iamais les vaincus, iufques à ce qu'ils foient vainqueurs de l'ini-
mitié.

XIII.
Mort de Caton
le Cenfeur.

Corinthe rafee
par Mummius.

Trois ans auant que Carthage fut razée, M. Caton autheur
iuré de fa ruine deceda ; L. Cenforinus, & M. Manlius eftans
Confuls. En la mefme annee que Carthage fut deftruite, L.
Mummius ruina Corinthe DCCCLII. ans apres auoir efté baftie
par Hales fils d'Hippos : Ces deux Chefs d'armees honorez du
nom de la nation qu'ils auoient fubiuguee, furent appellez, l'vn
Africain, l'autre Achayen ; fans qu'aucun fe foit attribué auant
Mummius, ce furnom qu'il acquift par fa vertu. Ces deux Capitaines furent differens en mœurs & en affections : car Scipion
fut fi excellent és arts liberaux, & fi admirable en toutes fortes
de fciences, qu'il auoit toufiours pres de foy , à fon hoftel & au
camp, Polybe & Panetius, perfonnages de grand efprit : car iamais perfonne ne fe feruit mieux du loifir au maniement d'vn affaire que faifoit ce Scipion , qui és entreprifes de guerre ou de
paix, eut toufiours pour familiers exercices du corps & de l'efprit
les armes & les lettres. Et Mummius fut d'vn naturel fi rude,
qu'aptes la prife de Corinthe ayant loüé des hõmes pour porter
en Italie des tableaux & ftatuës, faictes par de tres-excellés peintres & fculpteurs, il commanda qu'on aduertift ceux qui les con-
duifoient, que fi elles venoient à fe perdre, ils en feroient faire
d'autres à leurs defpens. Ie ne pése pas toutesfois, ô Vinicius, que
tu doutes que le groffier entendement des Corinthiés n'ait pro-
fité à la Republique, n'ayans pris garde à telles paroles ; & que
l'imprudence n'ayt efté en cela plus conuenable à la bien-feance
publique, que la prudence.

Comparaifon de
Scipion auec
Mummius.

XIIII.
De l'enuoy des
Colonies.

Puis que plufieurs parties affemblees s'impriment plus facilement aux yeux & à l'entendement que diuifées ; i'ay refolu en fi-
niffant la premiere partie de cefte hiftoire, de faire cognoiftre en
quel temps (apres la prife de Rome par les Gaulois) chafque Co-

Ionie fut enuoyée du commandement du Senat (car quant aux
Colonies militaires, on sçait assez leur cause, leurs autheurs, &
leurs noms.) Ce qu'en descriuant icy, on recognoistra facilement qu'en mesme temps les citez ont esté multipliees, & la renommee des Romains augmentée. Sept ans apres que la ville fut
prise par les Gaulois, vne Colonie fut enuoyée à Sutrie; vn an a-
pres vne autre à Setine; neuf ans depuis il en fut enuoyée vne à
Nepte: & trente-deux ans apres les Aricins se bastirent vne ville.
Il y a cccl. ans, estans Consuls Sp. Posthumius & Veturius Caluinus vne cité fut donnée aux Champanois & aux Samnites sans
aucun droict d'eslection. En la mesme annee vne Colonie fut
enuoyée à Cales. Trois ans apres les Fondans & Formians s'a-
masserent en vne ville, la mesme annee qu'Alexandrie fut bastie.
Sous le Cõsulat de Sp. Posthumius, Philon & Publius Censeurs
vne cité fut donnée aux Acerrans: trois ans apres vne Colonie
fut enuoyée à Terracine, & quatre ans apres vne autre à Lucerie.
Trois ans escoulez il en fut encore enuoyé à Suesse & Au-
runcque; & deux ans apres à Saticule & Interamne. Ces en-
uoys cesserent l'espace de dix ans: puis on recommença d'en enuoyer à Sore, & à Albe, & deux ans apres à Carseoles. Mais Fabius ayãt esté Cõsul cinq fois, & Q. Decius Mus quatre, en l'annee que Pyrrhus cõmença de regner, on enuoya des gẽs pour habiter Sinuesse & Minturne: & quatre ans apres on en enuoya d'autres à Venuse. Deux ans depuis vne cité fut donnée aux Sabins,
estans Consuls M. Curius & Cornelius Ruffinus: ce qui fut fait
il y a enuiron cccxx. ans. Mais quant à ceux qui furent enuoyez
à Cossa & Pestum, il n'y a pas ccc. ans, estans Consuls Fabius
Dorso & Claudius Canina. Cinq ans apres, estans Consuls Sempronius Sophus & Appius fils de Cæcus on enuoya des habitans
à Arimini & à Beneuente, & le droict d'eslire des Magistrats fut
donné aux Sabins. Au commencement de la premiere guerre
de Carthage on enuoya des habitans à Firme & à Castre: & vn an
apres à Esernie: vingt & deux ans depuis il en fut enuoyé à Esule
& Alsie: Fregelles en receut deux ans apres, & Brunduse l'annee
suiuante, estans Consuls Torquatus & Sempronius; & la troisiesme annee subsequente il en fut enuoyé à Spolete: en laquelle annee fut le commencement des jeux Floraux. Deux ans apres il
en fut menee vne à Valence; & sur la venuë d'Annibal en Italie,
il en fut aussi enuoyé à Cremone & à Plaisance.

XV.             Durant le temps qu'Annibal s'arresta en Italie, & les plus pro-

ches annees apres qu'il en fut forty, les Romains n'eurent la com-
modité d'en enuoyer; leur eftat plus neceffaire d'auoir des foldats
pour la guerre en leur armee, que de faire des Colonies. Or eftás
Côfuls Manlius Volfo, & M. Fuluius, il fut enuoyé vne Colonie
à Bologne, il y a ccxvii. ans, & quatre ans apres à Pifaure & à
Potentia: & la troifiefme annee fuiuante à Aquilee, & à Grauif-
que: & depuis à Luques quatre ans apres.  Dans vne mefme
fuitte de temps (quoy que quelques-vns en doutent) des Colonies furent auffi enuoyees à Pouffoles, Salerne & Buxante. Depuis CLXXXVII. annees, Caffius ( trois ans auant qu'il fut Cenfeur) commença de faire baftir vn theatre aux Lupercales, vis à
vis du Palais : à quoy toute la ville de Rome s'oppofa , & Cepio
le Conful en particulier, qui le fit abattre auec beaucoup de rigueur : acte que ie mets au nombre d'vn des plus zelez indices
d'amour enuers le public. Eftans Confuls Caffius Longinus &
Sextus Caluinus, qui vainquit pres du lieu appellé de fon nom
les eaux de Sexte *, vne Colonie fut enuoyé à Fabraterre , il y
a CLVII. ans. Et vn an apres il en fut enuoyée vne autre à Sylacie,
Mineruie, Tarente, Neptunie & Carthage en Afrique; qui fut
la premiere Colonie que l'on enuoya hors de l'Italie. Quant à
Dertonne on eft en doute fi on y enuoya vne Colonie; mais c'eft
chofe feure qu'il en fut enuoyé vne à Narbonne en France, eftans
Confuls M. Portius & Q. Martius depuis CLIII. ans en çà, ou
enuiron: & vne autre vingt & trois ans apres à Eporegie au pays
des Vagenes, eftans Confuls Valerius Flaccus, & Marius pour la
fixiefme fois. Ce que ie n'euffe facilement mis par efcrit, apres vn
long temps, fi ie n'euffe efté homme de guerre.

Quoy que cefte partie de mon œuure femble auoir outrepaffé
la forme de mon deffein, & qu'en cefte briefue defcription ( laquelle à la façon d'vne rouë, ou d'vn precipice penchant, ou d'vn
tourbillon , ne me permet d'arrefter en aucune part) il me faille
pluftoft obmettre ce qui eft plus requis & neceffaire , qu'entreprendre le fuperflu, ie ne me peux tenir toutesfois de coucher
par efcrit, vne chofe que i'ay fouuent meditee , fans auoir encor
peu cognoiftre par raifons fa naïfueté. Car qui ne peut s'eftonner
affez, voyant que les efprits plus relevez en diuerfes profeffions,
bien que nays en diuers fiecles , ont eu pareille loüange de leurs
fciences, & qu'ils fe foient diftraicts & feparez du commun pour
s'vnir enfemblement , tout ainfi qu'aucuns animaux de plufieurs
efpeces mis en vn enclos ne laiffent pas de fe ioindre par enfem-

XVII.

* *C'eft Aix en Prouence.*

*Des arts & eftudes.*

b    iiij

ble, chacun cherchant son semblable. Vn mesme aage (que le nombre d’annees n’auoit pas beaucoup diuisé) a embelly les tragedies par le moyen de ces admirables esprits Eschyles, Sophocles, Euripides, & renouuellé ceste vieille Comedie de Menandre, que Philemon & Diphilus plus esgaux à l’aage qu’à l’œuure, inuenterét en peu d’annees, & rendirent inimitable. Mais quoy? les esprits de tous les Philosophes que nous auons raconté cy dessus, enseignez par le doux style de Socrates, côbien de temps apres la mort d’Aristote & de Platon furent-ils en vogue? Qu’est ce qu’il y a eu de recommandable és Orateurs auant Isocrates, ses Escoliers & leurs disciples? Le temps a tellement limité le tout, que les vns ne se sont pas trouuez plus dignes de memoire que les autres.

Les Grecs n’ont pas eu plus d’aduantage en cecy que les Romains : Car la Tragedie Romaine qu’Atius a composee le rend recommandable à cause de l’inuention; si tu passes sous silence la rudesse de ses vers, & la grace que Cecilius, Terence, & Afranius ont euë en vn mesme temps, en leurs Comedies Latines. Quand aux Historiens ( bien que T. Liue soit le premier de son temps ) ils ont eu pareille loüange, excepté Caton & quelques autres autheurs anciens fort obscurs en leurs escrits, qui florissoient quelques LXX. annees auparauāt. Plusieurs Poëtes ont esté renômez en diuers siecles. Mais l’eloquence aux plaidoyeries, & le biē dire (n’en desplaise à P. Crassus, à Scipion, à Lelius, à Graccus, à Fannius, & à Ser. Galba) s’esleua tellement du temps de Ciceron, que personne, ô Vinicius, qui ait esté auant luy, ne te sçauroit plaire en lisant ses œuures. L’excellence des beaux ouurages seruira de preuue pour faire voir que le mesme en a esté des Grammairiens, Peintres & Sculpteurs, chacun selon son aage. Que si ie recherche les causes pourquoy, & ce qu’il y a eu tant de sympathie & ressemblance entre les esprits du siecle present & du passé, soit pour vne mesme affection, ou pour le gain, ie n’en peux point trouuer de vrayes, mais i’en trouue de vray-semblables, du nombre desquelles sont celles-cy : L’emulation nourrit les beaux esprits, tantost l’enuie les incite, & tantost l’admiration les eschauffe : puis poulsez de leur naturel, ils paruiennent en fin à la science à laquelle ils se sont addonnez auec affection. Il est bien difficile d’atteindre aux choses parfaictes : car ce qui ne se peut vnir auec le naturel, vient à neant, & tout ainsi que nous souhaitons d’atteindre ceux qui nous deuancent, de mesme lors

que nous perdons esperance ou de les esgaler, ou de leur estre par
dessus, l'estude s'enuieillit auec l'espoir, & nous cessons de pour-
suiure ce que nous ne pouuons acquerir, quittant la matiere où
nous nous sommes occupez, & en cherchons vne nouuelle: ainsi
ne nous souciant point de ce enquoy nous ne pouuons exceller,
nous recherchons quelque autre vaccation pour nous y appli-
quer: d'où s'ensuit que le changement incertain & muable sert
de grand empeschement à la perfection. Mais l'admiration en est
& aux siecles & aux villes: Vne seule ville d'Attique, fut plus
florissante par plusieurs annees en eloquence & en belles œuures
que toute la Grece; tellement que les autres Grecs estoient sepa-
rez par les autres Citez, mais les beaux esprits demeuroient en-   *Escoles d'Athe-*
clos dans les seules murailles d'Athenes.  Dequoy ie ne me suis   *nes.*
pas plus estonné que de n'auoir encore veu aucun Orateur Ar-
gien, Thebain, & Lacedemonien digne de memoire, ou durant
sa vie, ou apres sa mort: Lesquelles villes & plusieurs autres eussent esté sans recueillir aucun fruict de ces estudes, si vn seul Pin-   *Pindare.*
dare n'eust pris naissance en la ville de Thebes, quoy qu'Alcma-
ne, & les Laconiens se l'attribuent, mais faulsement.

---

# L'HISTOIRE ROMAINE DE C.
## VELLEIVS PATERCVLVS.

### A MARCVS VINICIVS CONSVL.

## LIVRE II.

SCIPION qui auoit le premier ouuert le chemin à la puissan-   I.
ce Romaine, le traça le dernier au luxe: car Rome sans plus
craindre Carthage, desuoyee de la vertu & accourant au vice,   *Accroissement*
abandonna l'ancienne discipline, en establit vne de nouueau, &   *du luxe Romain.*
se laissa porter des veilles au sommeil, des armes aux voluptez, &
des affaires & occupations à l'oisiueté. Ce fut alors que Scipion
Nasica au Capitole, Metellus aux galeries, dont nous auons parlé cy dessus, & Cn. Octauius au Cirque, commencerent à se donner du bon temps, estant la magnificence publique suiuie d'vn
luxe particulier. Peu apres suruint vne triste & deplorable guer-
re en Espagne, sous la conduite de Viriathus Chef des larrons, où   *Guerre de Vi-*
la fortune se monstra variable, mais sur tout contraire aux Ro-   *riathus.*

mains. Seruilius Cepio ayant occis Viriathus pluftoft par fraude, que par vertu, Numance fut en plus grand trouble. Cefte ville n'en arma iamais plus de dix mille de fa propre ieuneffe; mais ou la fierté, ou l'infuffifance de nos Capitaines, ou la faueur de fortune donnerent occafion à Pompee (qui fut le premier Conful de la race des Pompees, perfonnage de gráde renommée furtous les autres Chefs,) & à Mancinus Hoftilius auffi Conful, de confentir à des trefues fort lafches, lefquelles ne furent obferuees.



On pardonna à Pompee le confentement qu'il y auoit apporté: Et Mancinus en receut la honte: car les Fetiaux (ou Herauts d'armes) la charge defquels eft de declarer la guerre, & d'annoncer la paix, le liurerent nud aux ennemis les mains liées derriere le dos; qui ne voulurent toutesfois le receuoir, comme firent iadis les Caudins, difans, Que les trefues rompuës publiquement ne deuoient point eftre vengées par le fang d'vn feul.



Ce Mancinus fufcita vne grande efmotion à Rome pour s'eftre rendu à l'ennemy: Car Tib. Gracchus fils du tres-excellent & tres-noble Tib. Graechus, & nepueu de P. Africain du cofté de fa fille, (homme quant au refte de fort bonne vie, d'vn efprit tres-fleuriffant, tres-equitable en fon deffein: bref embelly d'autant de vertus, que l'induftrie & nature parfaicte, ou la condition des mortels fçauroit requerir) eftant Quefteur en Efpagne & autheur de ces trefues, tantoft fafché que ce qu'il auoit accordé fuft defaduoüé, tantoft craignant le danger ou d'vn femblable iugement, ou d'vne pareille honte qu'auoit receuë Mancinus; efleu Tribun du peuple defcheut de fes biens, eftans Confuls P. Mucius Sceuola & L. Calpurnius, il y a cLXII. ans. Ayant faict publier la loy dite _Agraria_, & plufieurs defirans de fe conferuer leurs heritages fans qu'ils fuffent vendiquéz, il mit la Republique en vn danger douteux & inopiné, apres s'eftre rendu feul maiftre des affaires fur Octauius fon collegue, qui demeuroit ferme en la conferuation du bien public. Bref, il efleut trois perfonnes à la diuifion des champs, fçauoir, foy-mefme, fon beau pere qui auoit efté Conful, & Gracchus fon frere, fort ieune.





Alors Scipio Nafica, nepueu de celuy que le Senat auoit tenu pour homme de bien, fils de ceft autre qui auoit efté Cenfeur au Capitole, arriere-nepueu de Cn. Scipion perfonnage tres-renommé, oncle de P. Africanus, homme priué & de robbe longue (& mefmes coufin de ce Tib. Gracchus) pour tant de fignalees vertus fut fait fouuerain Pontife (bien qu'abfent.) Il prefera

auffi toft

auſſi-toſt ſa patrie à la parenté, & iugeant indigne tout ce qui
contrarioit au ſalut de la Republique, il fut le premier de tous
qui s'oppoſa à Gracchus. Tendant vn iour auecques ſa main
gauche le replis de ſa robbe, arreſté au plus-haut du Capitole,
il ſe prit à dire, Que ceux qui ſouhaittoient le bien de la Republique le ſuiuiſſent ; Tout auſſi-toſt les principaux du peuple, le
Senat, la plus noble partie des Cheualiers, & la populace,enne-
mie des conſeils pernicieux,commencerent à ſe ietter ſur Gracchus, qui eſtoir à la Cour auec ſes partiſans, inuitant à ſon ſecours les autres habitãs d'Italie là aſſemblez. Luy fuyant,& cou-
rant du long de la deſcente du Capitole, frappé de l'eſclat d'vn     *Mort de Tib.*
banc,perdit la vie, qu'il pouuoit paſſer honnorablement par vne   *Gracchus.*
mort moins precipitee.Ce fut vn commencement de guerres ciuiles, & vne dangereuſe licence à vn chacun de prendre les armes en la ville de Rome. C'eſt d'où vint que la force accabla le
droiĉt;&,que la diſcorde entre les Citoyens, laquelle s'appaiſoit
auparauant par la Iuſtice,fut debattuë à la pointe de l'eſpee ; depuis la recompenſe ſuſcita les guerres,non les cauſes valables : ce
qui n'eſt pas eſmerueillable ; car les mauuais deſſeins ne s'affer-
miſſent pas en leur origine;mais ayans tant ſoit peu de voye, ils
ſe font vn large chemin pour courir à leur aiſe : auſſi quand on
s'eſt vne fois eſgaré,on trouue incontinent le precipice: mais aucun n'eſtime dommageable à ſoy-meſme ce qui a eſté profitable
à autruy.

    Tandis que ces choſes ſe paſſent en Italie, Ariſtonicus, apres     I V.
la mort du Roy Attalus (par le moyen duquel l'Aſie auoit eſté    *Ariſtonicus ſe*
hereditaire au peuple Romain,comme auſſi la Bithinie par l'in-   *ſaiſit de l'Aſie,*
duſtrie de Nicomedes) s'en ſaiſit par armes, ſe feignant eſtre de
ſang Royal: Marcus Perperna l'ayant ſubjugué, le mena en tri-   *eſt ſubjugué par*
omphe.Mais M. Aquilius fut decapité pour auoir occis au com-  *Perperna.*
mencement de ceſte guerre Craſſus Mucianus, grand Iuriſcon-
ſulte, & Proconſul. Quelque temps apres P. Scipion Africanus
Emilien, qui auoit deſtruit Carthage, apres tant de playes re-     *Priſe de Numãce*
ceuës aux enuirons de Numance, eſleu Conſul vne autrefois, &  *par Scipion Emi-*
enuoyé en Eſpagne, y fit eſpreuue de la meſme vertu de laquel-  *lien l' Africain.*
le il monſtra les effeĉts en Affrique: quinze mois apres ſon arriuee il raſa & fit vne planure de Numance, ſans que iamais aucun
de quelle nation qu'il ait eſté, ſe ſoit rendu plus recommendable
à la poſterité par priſe de villes, que ceſtuy-cy. Car apres la de-
ſtruĉtion de Carthage, & de Numance, il nous vengea de la
c

Liberté de parler de Scipion.

crainte , & des injures que nous auions reçeuës de l'vne & de l'autre. Cestuy-cy interrogé par Carbon le Tribun, *Qu'est-ce qu'il luy sembloit de la mort de Tib. Gracchus,* respondit, *Qu'il auoit esté iustement tué, s'il auoit eu l'intention de s'emparer de la Republique.* A quoy tout le peuple s'estant escrié, luy, qui iamais n'auoit esté espouuenté des hurlemens de l'ennemy, leur dit, *Comme est-il possible que vos cris me puissent esmouuoir, desquels l'Italie est marastre?* Estans Cõsuls M. Aquilius, & C. Sempronius, il y a CL. ans, apres deux Consulats, & deux triomphes, & apres auoir appaisé deux espouuen-

Sa mort inopinee.

tables tumultes dans Rome, il fut vn matin trouué mort en son lict, auec apparence qu'il s'estoit escaché le chignon du col. Il n'y eut point d'information touchant la mort d'vn si grand personnage, ains son corps fut emporté, la teste voilee, par le moyen duquel Rome auoit esleué son chef sur tout l'vniuers. Ceste mort fut, ou fatale, ou par attentat (selon que quelques-vns ont laissé par escrit à la posterité.) Sa vie fut si memorable, qu'aucun de son temps ne l'esgala que son seul ayeul. Il mourut aagé de cinquante six ans. Dequoy si quelqu'vn est en doute, ie le renuoye à son precedent Consulat, qu'il obtint aagé de trente-six ans.

V.

Guerre en Espagne.

Auparauant la destruction de Numance, A. Brutus auoit fait aussi la guerre en Espagne, où estant entré bien auant auec grãde force d'hommes, & pris vn nombre de villes, apres auoir trauersé des pays auparauant incogneus, fut digne du nom de Gallicien.

Seuerité de Q. Macedonicus, en Espagne.

Peu de temps apres Q. Macedonicus estant enuoyé és Espagnes, fut si seuere à l'endroit de ces nations, qu'assiegeant la ville de Contrebie, il contraignit cinq cohortes legionnaires de se precipiter en vn assault: & quoy que tous fissent leur testament auãt qu'y aller, comme s'estimans au dernier periode de leur vie, ils donnerent dedans d'vn tel courage, qu'ils demeurerent victorieux: ainsi la constance de ce Capitaine d'hasarder ses soldats à la mort, & le courage des cohortes meslé de crainte, & de l'espoir recherché par le desespoir, furent l'occasion de la victoire. La vertu & la seuerité de ce Capitaine fut digne de gloire: & Fabius Emilien, à l'imitation de Paulus, fut fort renommé en Espagne pour sa discipline militaire.

VI.

C. Gracchus continuë les desseins de son frere Tibere.

Dix ans apres Caius Gracchus fut possedé de la mesme fureur que Tiberius son frere, lequel il esgalla en vertus, aussi-biẽ qu'en sa folle entreprise: mais il fut excellent en esprit & en eloquẽce. Il pouuoit sans se trauailler tant, se rendre le premier de Rome; mais estant entré en la mesme charge de Tribun, soit, ou pour

venger la mort de son frere, ou pour fortifier sa puissance, il demandoit des choses indeuës & irraisonnables : donnoit le droict
de Bourgeoisie Romaine à tous ceux d'Italie, l'estendoit pres-
ques iusques aux Alpes, diuisoit les champs, ne vouloit pas que
aucun des Citoyens Romains possedassent plus de cinq cents ar-
pens de terre, disant que cela estoit deffendu par la loy de Licinius, imposoit de nouueaux peages, peuploit les prouinces de
nouueaux habitans, transportoit aux Cheualiers les iugements
du Senat, auoit resolu de partager le bled au peuple: bref il chan-
geoit tout, & ne laissoit rien de tranquile ny de paisible, biē qu'il
eust esté continué Tribun. L. Opimius Consul, (qui auoit, estant *L. Opimius fait*
Preteur, destruict Fregelles,) poursuiuit par armes, & fit mourir *tuer,*
ce C.Gracchus, auec Fuluius Flaccus qui auoit triomphé & esté
Consul, homme de mauuaise volonté, & que C. Gracchus auoit
nōmé l'vn des Trium-virs en la place de Tibere son frere ; Ceste
parole mal dicte sortit de la bouche d'Opimius, *Qu'il ne payeroit*
*pas auec de l'or seulement le prix de la teste de Gracchus, mais aussi de tout*
*autre Citoyen Romain qui luy ressembleroit.* Flaccus fut occis auec son *Flaccus,*
fils aisné en combattant pres l'Auentin: Gracchus s'enfuyant, *& C. Gracchus,*
estant pres d'estre prins par ceux qu'Opimius auoit enuoyez, tendit le col à Euporus son seruiteur, qui ne fut pas plus tardif à
s'occire, qu'il auoit esté prompt à couper la teste à son maistre.
Ce iour Pomponius Cheualier Romain fit preuue de sa fidelité *Pomponius,*
à l'endroict de Gracchus, & à l'imitation de Cocles ayant atten-
du l'ennemy sur vn pont, s'outreperça de son espee. Le corps de
Caius fut ietté dans le Tibre, par vne estrange cruauté des vainqueurs, comme celuy de Tiberius Gracchus y auoit auparauant
esté ietté.

  Telle fut la mort des enfans de Tib. Gracchus, & des nepueux **VII.**
de P. Scipion l'Africain, du viuant mesmes de leur mere Corne- *Cornelia mere*
lia fille d'Africanus; personnages qui employerent fort mal *des Gracches.*
leurs beaux esprits, & ausquels la Republique eust paisiblement
octroyé tout ce qu'ils souhaittoient s'ils n'eussent aspiré qu'à vn
estat mediocre : A ceste cruauté fut adjointe vne felonnie en la
perte d'vn beau ieune hōme, qui n'auoit pas encore atteint l'aage
de dix-huict ans, quoy qu'exēpt des crimes de son pere Fuluius *Le fils de Flaccus*
Flaccus: il fut tué par Opimius contre tout droict, car son pere l'a- *occis.*
uoit enuoyé pardeuers luy, pour traicter vn accord. Vn certain
Aruspice, Toscan de nation, son intime amy, l'ayant veu mener
prisonnier, auec larmes; *Que ne fais-tu plustost comme cela,* dit il, & se

heurtant la teste soudainement contre vn pont de pierre proche
de la porte de la prison, il se fit sortir la ceruelle, & mourut.
Tout aussi-tost les amis & vassaux des Gracches furent mis à la
torture fort cruellement: Mais les faits d'Opimius, (personnage
quant au reste graue & de bonne vie) ne furent approuuez par
le iugement du public, ains il esprouua la rigueur des Citoyens,
sans que la clemence d'aucun contribuast à la memoire de sa
cruauté. Vn mesme desir de vengeance oppressa iustement par
apres Popilius & Rutilius, qui durant leur Consulat auoient
traicté fort rigoureusemét les amis de Tiberius Gracchus. Nous
adjousterons icy ce qui s'ensuit, quoy que bien peu important à
la cognoissance d'vne chose si grande : C'est, que durant le Consulat d'Opimius on faisoit tant de cas du *vin Opimian*, & duquel
on ne fait plus mention il y a jà long temps, s'estans iusques à ton
Consulat, M. Vinicius, escoulez CLI. annees.

#### VIII.

Ce qu'Opimius auoit recherché les moyens de venger ses inimitiez, luy apporta moins d'authorité, & beaucoup de haine:
pource qu'il s'estoit vengé plus pour son particulier, que pour le
public. Estans Consuls Porcius, & Marcius, vne Colonie fut enuoyee à Narbonne. Rapportons icy quelle estoit lors la seuerité
des Censeurs: car Caton Consul pour la seconde fois, nepueu de
M. Caton, fils de la sœur d'Africanus, fut accusé de concussions
& deniers mal pris en Macedoine, & condamné à quatre cents::
Ainsi ces personnages auoient plus d'esgard à la volonté qu'à la
maniere de pecher, & rapportoient les effects en conseil, les iu-
geans non de ce que lon auoit faict, mais de ce qu'on auoit voulu
faire. En mesme temps les freres de M. Metellus triompherent
tous deux en vn mesme iour. Le fils de ce Fuluius Flaccus qui se
fit vainqueur de Capuë, reçeut vn bel honneur d'estre reçeu en
la compagnie des Consuls, & donné en adoption à la famille
d'Acidianus Manlius : car la Censure des Metelles leur vint de
leurs cousins germains, non de leurs propres freres: ce qui n'estoit
encores aduenu qu'aux seuls Scipions.

#### IX.

Ce fut alors que les Cimbres & Teutons trauerserent le Rhin,
& furent renommez tant par beaucoup de leurs exploicts, que
par les nostres. En mesme temps ce Minutius, qui fit faire ces
beaux porches qu'on void encor auiourd'huy, triompha des Sor-
desces. Durant cest aage les Orateurs qui ensuiuent furent en
grande reputation, à sçauoir, Scipion Emilien, Lælius, Ser. Galba,
les deux Gracches, C. Fannius, Carbo Papirius, sans oublier Me-

uellus Numidicus, Scaurus, & par deſſus tous L. Craſſus, & M. Antonius : au ſiecle & au bien-dire deſquels ſuccederent C. Ceſar Strabon, & P. Sulpicius: car Mucius fut renõmé plus pour ſa iuriſprudence que pour ſon eloquence. Quant aux hommes de robbe longue, Afranius fut en grande eſtime, comme auſſi Pacuuius & Atius furent fort priſez & excellerent entre les Tragiques, n'ayans point leurs ſemblables en toute la Grece : car les plus beaux eſprits des Grecs cedoient à toutes leurs œuures; tellement que ceux-là ſemblent auoir eſté plus polis, ceux-cy plus tragiques. La renommee de Lucilius fut auſſi grande; il auoit eſté ſous P. Africanus à la guerre de Numance en ordre de Cheualier: auquel temps Iugurtha & Marius encores ieunes, combattans ſous la conduite du meſme Africanus, firent leur apprentiſſage aux armes. Siſenna Hiſtoriographe eſtoit alors bien ieune: mais quelques annees apres qu'il fut vn peu plus aagé, il coucha par eſcrit la guerre ciuile de Sylla. Cœlius deuançoit en annees ce Siſenna eſgal à Rutilius, à Claudius Quadrigarius, & à Valerius Antias. A la verité nous ne doutons pas que Pomponius n'aye eſté en ceſt aage eſtimé fort celebre en doctrine, & beaucoup recommendable pour la nouueauté de l'œuure qu'il fit de ſa propre inuention; mais il eſtoit rude en ſes eſcrits.

*Poëtes Comiques & Tragiques.*

*Siſenna Hiſto-rien.*

*Cœlius.*
*Rutilius.*
*Antias.*
*Pomponius le Comique.*

   Pourſuiuons à deſcrire la ſeuerité aſſez cogneuë des Cenſeurs. Il y a enuiron CLVII. ans que Caſſius Longinus, & Cepio, firent comparoiſtre Lepidus Ælius, Augure, pour auoir loüé vne maiſon la ſomme de ſix mille :: Que ſi quelqu'vn ne tient à preſent vn logis à ſi haut loyer, à peine eſt-il recogneu comme Senateur; tant ſoudainement on tumbe des vertus aux vices, des vices en de grandes meſchancetez, & des meſchancetez aux precipices. Au meſme temps les victoires que Domitius rapporta ſur les Auuergnats, & Fabius nepueu de Paulus ſur les Allobroges, furent fort memorables: à cauſe dequoy ce nom d'Allobroge fut donné à Fabius. La famille des Domitians a touſiours eſté bien fortunee, & principalement remarquable en ce qu'elle fut reſtrainte à vn certain nombre de felicitez; car auant ce C. Domitius icy, (ieune homme doüé d'vne bonté qui l'ennobliſſoit d'auantage) tous ceux de ceſte lignee furent eſleuez au Conſulat, ou au Sacerdoce, & s'acquirent les honneurs du triomphe.

X.
*Seuerité des Cenſeurs.*

*Fabius.*

*Actions remarquables des Domitians.*

   Peu apres Q. Metellus ( le premier de ſon ſiecle ) alla faire la guerre contre Iugurtha: Son Lieutenant fut C. Marius, duquel nous auons parlé cy-deſſus, Cheualier de race, de viſage laid &

XI.
*La guerre contre Iugurtha.*

afreux, mais de bonne vie; auſſi peu vtile en temps de paix, que bon durant la guerre; trop conuoiteux de gloire, inſatiable, & touſiours ſans repos. Ceſtuy-cy ayant par des publiquains & peagers, & par ceux qui trafiquoient en Afrique, faict courir le bruict que Metellus ne vouloit que faire prolonger la guerre, & qu'il l'entretenoit il y auoit jà trois ans, par vne naturelle fierté de ſa nobleſſe, & vn deſir de touſiours commander ſouuerainemét; fit tant, qu'eſtant venu à Rome on l'eſleut Conſul: Ainſi la conduite de la guerre preſque finie par Metellus, qui auoit deſià par deux fois aſſiegé Iugurtha, fut donnee à Marius: toutesfois le triomphe de Metellus fut fort magnifique, qu'on honnora du nom de Numidien. Il faut que nous remarquions maintenant la nobleſſe de la maiſon des Ceciles, comme nous auons fait celle des Domitians: car durant douze ans les Metelliens furent Conſuls, ou Cenſeurs, ou triompherent plus de douze fois: où lon peut voir, que la fortune des hommes fleurit maintenant, & tantoſt s'enuieillit & s'aneantit, comme celle des villes & des Empires.

XII. Quelque temps apres C. Marius (telle eſtant la preuoyance du deſtin ) eut Lucius Sulla pour Queſteur: il l'enuoya vers le Roy Bocchus, & par ſon moyen Iugurtha tomba en ſa puiſſance; il y a enuiron cent trente-huict ans. Eſtant fait Conſul pour la ſeconde fois, il retourna à Rome, & au commencement de ce ſien ſecond Conſulat il mena Iugurtha en triomphe. Vne grãde troupe de Germains, nommez Cimbres & Teutons, fut chaſſee & repouſſee par luy, (comme nous auons deſià dit) apres qu'ils eurent desfaict Cæpio & Manlius, Cõſuls; & deuant eux Carbo & Silanus: & depuis mis à vau-de-route en la Gaule l'armee de Scaurus & Aurelius Coſſ. & occis beaucoup de grands perſonnages, ſans que le peuple Romain peuſt trouuer vn Capitaine plus habile à chaſſer de ſi grands ennemis qu'eſtoit Marius, les Conſulats duquel furent multipliez. En ſon rroiſieſme Conſulat Cn. Domitius Tribun du peuple fit vne loy, par laquelle il fut ordonné qu'à l'aduenir le peuple ſe trouueroit à l'eſlection des Preſtres. Marius combattit pour la quatrieſme fois delà les Alpes pres d'Aix en Prouence contre les Teutons, qu'il desfit en deux batailles où il en fut tüé plus de cent cinquante mil. Sa cinquieſme bataille contre les Cimbres, où il eut beaucoup d'heur, fut aux champs appellez Raudiens, deçà les Alpes, luy eſtant Conſul, & Q. Lutatius Catulus Proconſul: il y eut plus de cent mille hõmes tuez ou pris. Il femble que Marius merita par cefte bataille, que la Republique ne mift point en oubly fa naiffance; ayant rendu le bien pour le mal: auffi le fixiefme Confulat luy fut donné pour recompenfe de fes merites, où il s'acquit encore beaucoup de gloire, s'eftant rendu recommendable à la pofte-rité pour auoir durant iceluy refrené par fes armes la fureur de Seruilius Glaucus, & de Saturninus Apuleius, lefquels affli-geoient la Republique par meurtres; les ayant vaincus, il les fit mettre à mort en la court Hoftilie.



Peu d'annees apres M. Liuius Drufus entra au Confulat, per-fonnage noble, eloquent & tres-iufte, qui vfa mieux de fon efprit en toutes chofes que de fa fortune: car defireux de reftablir & donner fon premier luftre au Senat, & faire qu'il euft la cognoif-fance fur les iugements des Cheualiers (dont le pouuoir s'eftoit eftendu iufques là, que fuiuant les loix de Gracchus, ils auoient vfé de rigueur à l'endroiĉt de plufieurs Gentils-hommes d'hon-neur, & condamné à tort P. Rutilius, accufé de concuffions & deniers mal pris; & qui toutesfois eftoit le perfonnage le plus iu-fte, non feulement de fon temps, mais auffi du fiecle paffé) bien qu'en ce faifant il trauaillaft pour le Senat, il eut toutesfois le Senat pour aduerfe partie, pource qu'on ne comprenoit pas, que s'il faifoit quelque chofe pour le bien public, c'eftoit pour alle-cher & apafter la populace, affin qu'ayant aduoüé de petites cho-fes, elle en permift de plus grandes. Bref la fortune de Drufus fut telle, que le Senat approuuoit plus les mesfaiĉts de fes colle-gues que non pas fes deffeins proffitables à la Republique; me-fprifoit l'honneur qu'il luy deferoit, & fupportoit de bon cœur les iniures des autres; enuioit la grandeur de fa gloire, & fouf-froit la mediocrité de l'honneur où eftoient efleuez les autres.



Ce fut alors que Drufus voyant que tous fes beaux deffeins luy fuccedoient mal, changea de volonté, & fe refolut de don-ner le droiĉt de Citoyen aux autres Italiens. Sur cefte refolutiõ, venant de la place publique entouré de la trouppe qui le fuiuoit d'ordinaire, eftant arriué en fa baffe court, il fut bleffé d'vn coup de coufteau que lon luy ficha dans le cofté, duquel coup il mou-rut peu d'heures apres. Eftant preft à rendre le dernier foufpir, voyant tant de peuple trifte & efploré qui s'affembloit autour de luy, il profera ces dernieres paroles fort conuenables à fa con-fcience: *Et quand,* dit-il, *mes amis & parens, quand eft-ce que la Repu-blique aura vn Citoyen femblable à moy.* Telle fut la fin de ce ieune

Gentil-homme, des mœurs duquel nous auons vn exemple qui
ne doit estre obmis. Faisant bastir vne maison (où estoit celle qui
a esté autrefois à Ciceron, & à Censorinus, laquelle appartient
auiourd'huy à Statilius Sisenna) l'Architecte luy ayant promis de
la faire d'vne telle façon, que d'icelle on descouuriroit de tous
costez sans pouuoir estre veu, ny sans estre subject à personne, luy
repartit ainsi : *S'il y a quelque peu d'art en toy, bastis moy vne maison de
telle sorte, que mes actions puissent paroistre à la veuë d'vn chacun.*





La loy la plus pernicieuse que ie trouue entre toutes celles de
Gracchus, c'est ceste-là par laquelle il permet l'enuoy des Colonies hors de l'Italie : C'est pourquoy nos ancestres ayans apperçeu que la ville de Thyr estoit beaucoup plus puissante que Carthage, Marseille que Phocee, Syracuse que Corinthe, Cyzique
& Byzance que Milet, auroient esté si soigneux que les Citoyens
Romains ne fussent enuoyez par Colonies hors de l'Italie. Or la
premiere Colonie qui fut enuoyee dehors l'Italie fut à Carthage. La mort de Drusus fut cause que les Italiens qui auoient esté
plusieurs fois sur le poinct de venir aux armes, entrerent ouuerte-
ment en vne guerre ciuile. Car estans Consuls L. Cesar & P. Ru-



tilius, il y a cxx. ans , ce mal qui couroit desià par toute l'Italie
ayant commencé chez les Asculans ( qui auoient occis Seruius
Preteur, & Fonteius son Lieutenant ) chez les Marses, & par les
autres contrees de l'Italie, fit que tous s'armerent contre les
Romains : & si la fortune fut contraire aux Italiens, la cause de
leur demáde estoit tres-iuste: car ils en vouloient à ceste ville, de
laquelle ils auoient augmenté la grandeur par armes, disans, *Que
de tout téps, & durant toutes les guerres ils auoient combattu & à pied & à
cheual aussi bien que les Romains, & que neátmoins ils ne ioüissoient pas du
droict de Citoyen: que Rome par leur moyen auoit atteint ce si haut degré
par lequel elle les desdaignoit comme estrangers, bien qu'ils fussent de mesme nation & parenté.* En ceste guerre moururent plus de trois cents



mille ieunes hommes Italiens. Les plus signalez Capitaines Romains, furent Cn. Pompee, pere de Cn. Pompee le Grand : C.
Marius, duquel nous auons parlé : L. Sulla, qui fut Preteur vn
an auparauant : & Q. Metellus fils du Numidien, qui s'acquit à
bon droict le nom de Pieux ; car il rendit par sa pieté, par l'authorité du Senat, & du consentement de la Republique, à L. Saturninus Tribun du peuple, son pere chassé de la ville pour n'a-
uoir voulu luy seul prester le sermét sur les loix: Metellus Numidien ne fut pas plus renommé pour ses triomphes & honneurs,
qu'il

qu'il le fut pour son exil, pour les causes de son bannissement, &
par son retour.

Les plus celebres Capitaines des Italiens furent ceux-cy, Silo
Poppedius, Herius Asinius, Iusteius Cato, C. Pontidius, Telesi-
nus Pontius, Marius Egnacius, & Papius Mutilius. Quant à moy
sans rougir, ie puis dire auec verité, & si ie n'osteray rien à la
gloire deuë à l'extraction de ma race, qu'on doit beaucoup à la
memoire de mon bisayeul Minatius Magius Asculanus, neueù
de Decius Magius Prince rénommé des Campanois, homme de
bonne foy, qui fut si fidelle aux Romains en ceste guerre, qu'a-
uec vne seule legion qu'il auoit enrollee és Hirpins pres de Rome, il prit Herculane auec T. Didius, combattit les Pompees
auec L. Sulla, & se saisit de Cosa, des vertus duquel plusieurs
ont escrit en beaux termes; mais entre-autres Q. Hortensius en
ses Annales : aussi le Senat sçeut bien recompenser ses labeurs,
luy permettant de jouyr de tous les droicts de citoyen Romain,
& faisant deux de ses enfans Preteurs, bien qu'il y en eut six. Ce
fut alors que la fortune en la guerre d'Italie fut si variable &
cruelle durant deux ans continuels; en laquelle Rutilius & puis
Cato Porcius furent occis par les ennemis, & les armees Romaines mises à vau-de-route, tellement que les Romains furent
contraints de prendre le sayon, & estre long temps en cest equipage. Les Italiens auoient choisi pour leur principale retraicte
Corfin, qu'ils nommoient Italicum.

Peu à peu les Romains ayans repris nouuelles forces, par la valeur de Pompee, Marius, & Sulla, la Republique penchante fut
releuee, & la plus grande partie de la guerre Italienne mise à
fin, excepté quelques restes des Nolans, que les Romains ayans
vaincus poursuiuirent & resserrerent dedans leur ville. Q. Pópee
vinsa estre Consul auecques L. Cornelius Sulla, personnage
qu'on ne peut assez louër pour ses victoires, ny blasmer assez de
ce qu'il fit apres icelles. Cestui-cy yssu de noble race, le sixiesme
apres Cornelius Rufinus, qui en la guerre de Pyrrhus auoit esté
du nombre des plus grands Capitaines, la noblesse de sa maison
mise en oubly pour quelque temps, il se comporta de telle façon,
qu'il sembloit estre hors de toute pensee à demander le Consulat. Honoré de la guerre d'Italie apres sa Preture, & enuoyé vn
peu auparauant és Gaules, où il auoit mis en fuite les Chefs plus
signalez de l'ennemy, il reprit courage peu à peu, & demandant
le Consulat, y fut reçeu par le suffrage de tous, s'acquerant cest

d

honneur l'an quarante-neufiefme de fon aage.



En meſme temps Mithridates Roy du Pont, perſonnage qu'on ne doit paſſer fans en parler, ains digne d'eſtre hautement loüé, hardy à la guerre, & releué en vertu, grand quelquesfois en fortune, mais plus grand en courage, de bon conſeil, ſoldat en execution, porté comme vn autre Annibal d'vne haine mortelle contre les Romains, s'empare d'Aſie : & ayant enuoyé ſecrettement des lettres par toutes les villes, en vn meſme iour & en vne meſme heure il fit maſſacrer tous les Romains qui y eſtoient. En ce temps-là nuls peuples ne furent plus contraires à Mithridates, que les Rhodiens : auſſi il n'y en eut point de plus fideles enuers les Romains. Mais la deſloyauté de ceux de Mytilene eſt remarquable ; car ils liurerent lié M. Aquilius & pluſieurs autres à Mithridates, leſquels furent puis apres mis en liberté par l'eſchange d'vn ſeul Theophanes que rendit Pompee. La Prouince d'Aſie eſtant par ſort eſcheuë à Sulla pour aller contre Mithridates, il partit de Rome, & s'arreſta quelques iours autour de Nole : Car ceſte ville s'opiniaſtroit encor contre les Romains, & eſtoit par eux aſſiegee ; comme ſi elle ſe repentoit de ceſte ſain[c]te foy qu'elle auoit promiſe & iuree en la guerre de Carthage. P. Sulpitius Tribun du peuple, eloquent, prompt, fort renommé pour ſa grace, ſes amis, ſes richeſſes, & ſubtilité de ſon bel eſprit, ayant auparauant pourſuiuy d'auoir du peuple vne grande dignité, ſemblant ſe repentir d'auoir eſté vertueux, apres auoir veu que ſes bons deſſeins ſuccedoient mal, deuenu tout auſſi-toſt meſchant & precipité, deliura eſtant aagé de ſoixante & dix ans à C. Marius toutes les charges & dignitez, & fit reuoquer par vne loy le pouuoir de Sulla, faiſant ordonner que Marius iroit faire la guerre contre Mithridates. Il fit auſſi publier pluſieurs autres loix nuiſibles & inſupportables à vne cité libre : meſmes il fit occire le fils de Q. Pompee Conſul, gendre de Sulla, par des confidents de ſa ligue. Alors Sulla ayant amaſſé ſon armee retourna à Rome, de laquelle il ſe rendit maiſtre par armes : il en bannit douze des principaux inuenteurs de ces nouueautez, & entre autres Marius auecques ſon fils, & P. Sulpitius, lequel pourſuiuy & atteint par des Caualiers, fut tué aux mareſts Laurétins ; & ſon chef eſleué & mis aux Roſtres ſembla preſager les proſcriptions qui s'enſuiuirent.











Marius apres ſon ſixieſme Conſulat, aagé de ſoixáte & dix ans, eſtant trouué tout nud dans la boüe, les yeux & les narines luy

paroiſſans tant ſeulement, & tiré hors d'entrē les cannes & ro-
ſeaux des mareſts de Maricque, où il s'eſtoit caché pour n'eſtre
pris des Caualiers de Sulla qui le pourſuiuoient, fut lié auec des
eſtriuieres, & mené en vne priſon à Minturne. Quelques iours
apres on enuoya vn ſerf, Cimbre de nation (qui auoit eſté for-
tuitement-pris en la guerre des Cimbres par Marius meſme)
auec vne eſpee pour le tüer: mais auſſi-toſt qu'il euſt recogneu
Marius, déplorant auec grands cris l'infortunē d'vn ſi grand perſonnage, iettant là ſon eſpee, il s'enfuit ſans luy faire aucun tort.
Alors les Minturniens ayans pitié d'vn ſi grand homme, & qui     *Se ſauue en*
vn peu auparauant eſtoit Capitaine general des Romains, le mi-     *Afrique.*
rent dans vn batteau pour ſe ſauuer où il voudroit, luy donnant
vne robbe & de l'argent pour ſon voyage. Ayant atteint ſon fils
pres d'Enaria, il s'en alla droict en Afrique, où il veſquiſt pauure-
ment en vne logette qui eſtoit reſtee des vieilles maſures de
Carthage: tellement que Marius voyant les ruynes de Carthage,
& elle regardant Marius fugitif, par enſemble ils ſe pouuoient
conſoler l'vn l'autre.

   En ce meſme temps il aduint ce qu'il n'eſtoit iamais aduenu;     **X X.**
c'eſt, que les mains d'vn ſoldat en vne ſedition eſmeuë en l'ar-     *Pompee Conſul*
mee de Cn. Pompee Proconſul, furent enſanglantees du ſang     *fut tué par vn*
du Conſul Pompee, collegue de Sulla. Cinna eſtant Conſul ne     *ſoldat.*
fut pas plus poſé, ne plus maiſtre de ſes affections qu'auoient eſté     *Trouble de Cin-*
Marius, & Sulpitius. Rome doncques eſtant contraincte d'en-     *na Conſul,*
durer que les nouueaux citoyens ſeroient diuiſez en huict tribus, de peur que leur grand nombre & puiſſance ne ruynaſt la
dignité des vieux citoyens, & que le pouuoir de ceux qui rece-
uroient le bien-faict ne fuſt plus grand que celuy-meſme des
bien-faicteurs, Cinna promit qu'il les diuiſeroit en toutes les     *chaſſe de Rome.*
tribus: ce que voulant executer, il fit aſſembler en la ville vne
grande partie des Italiens: mais il fut incontinent chaſſé de Rome par les forces de ſon collegue, & des principaux du populai-
re, & ſe retira vers la Champagne. Le Conſulat luy fut oſté par
l'authorité du Senat, & L. Cornelius Merula Preſtre Dial mis
en ſa place. Ceſt acte fut plus digne d'vn tel homme que Cinna,
que non pas pour ſeruir d'exemple à la poſterité. Peu de
temps apres ayant premierement corrompu les Centeniers, puis
les Tribuns, il fut encore reçeu des ſoldats en l'armee qui eſtoit     *Armee de*
és enuirons de Nole, ſur l'eſpoir qu'il leur donna de les recom-     *Cinna,*
penſer. Ainſi tous luy ayans preſté le ſerment, il commença à

d ij

faire la guerre contre sa patrie, retenant les enseignes du Consulat; & s'asseurant sur le grand nombre des nouueaux citoyens
Italiens, du choix desquels il en auoit enroollé plus de trois
cents cohortes, dont il dressa plus de trente Legions. Il n'auoit
besoin que de partisans, d'authorité & de faueur, pour laquelle
augmenter il rappella de bannissement C. Marius auec son fils, &
ceux qui auoient esté bannis auec luy. ·



Cependant que Cinna faict la guerre à sa patrie, Cn. Pompee
pere du grand Pompee (des beaux exploicts duquel la Republique s'estoit seruie en la guerre contre les Marses, principalement au terroir de Picene, comme nous auons dit, & qui auoit
pris Ascoli: és enuirons de laquelle ville, comme en plusieurs autres contrees, les armees s'estoient logees par cy par là, & mesmes estoient venuës vne fois au combat les vns contre les autres,
où se trouua plus de septante cinq mille citoyens Romains d'vn
costé, & plus de soixante mille Italiens de l'autre,) hors d'espoir
de plus continuër son Consulat, se rendit tellement neutre à l'vn
& l'autre party, qu'il faisoit tout comme Souuerain, & semblant
s'accommoder au temps, menoit d'vn costé & d'autre son armee
où l'espoir luy promettoit plus de faueur. Mais en fin il combattit



auec Cinna prez les murailles de Rome, où la bataille fut fort
grande & sanglante, estant difficile d'exprimer les dommagea-
bles euenements qui suruindrent, tant aux citoyens Romains
combattans, qu'aux regardans. Apres cecy la peste rauagea l'vne
& l'autre armee (bien peu amoindries par la guerre) & Cnee



Pompee deceda; La mort duquel fut comme pour vne recompense de ceux qui moururent en la bataille, ou par maladie. Le
peuple Romain exerça sa colere sur son corps mort, pour la
haine qu'il luy auoit portee durant sa vie. Soit qu'il y ait eu deux
ou trois familles des Pompees, le premier de ce nom Q. Pom-



pee fut Consul auec Cn. Seruilius, il y a cent soixante & huict
ans: Cinna & Marius entrerent dans Rome apres plusieurs san-
glants combats. Cinna entra le premier, & fit faire vne loy pour
le rappel de Marius, le retour duquel fut mortel à beaucoup de
Citoyens.



Il n'y eust rien eu de plus cruël que leur retour, si celuy de Sulla
ne fust aduenu peu apres. On executa toutes sortes de meschan-



cetez: & les principaux & premiers Citoyés Romains furét punis
de diuers supplices: entre lesquels L. Octauius hôme fort paisible,
fut occis par le commandement de Cinna. Quant à Merula qui

sur l'aduenement de Cinna Consul auoit rejetté son party, ayant bien merité de la Republique, il rendit l'ame s'estant coupé les veines, apres auoir arrousé l'autel de son sang, & prié ces mesmes Dieux, lesquels il auoit autresfois supplié pour le salut de la Republique lors qu'il estoit Flamen-Dial, en detestation de Cinna & de ses adherents. M. Antoine Prince de l'eloquence *Mort de M. Antoine,* fut par le commandement de Marius & de Cinna, tué par des soldats, la felonnie desquels il auoit autresfois arrestee par son bien dire. Q. Catulus assez renommé pour ses autres vertus, & *& de Catulus.* pour la gloire acquise en la guerre des Cimbres (laquelle luy auoit esté commune auec Marius,) estant recherché à la mort s'enferma en vn lieu, qui n'agueres auoit esté plastré de chaux & de sable, où portant du feu, ces matieres eschauffees rendirét vne telle puanteur qu'il en fut suffoqué, & ainsi mourut plus par fatalité qu'à la volonté de ses ennemis. On ne voyoit que meschancetez en la Republique : & toutesfois on ne trouuoit personne, qui osast donner les biens d'vn Citoyen Romain, ou qui souffrist qu'on les demandast. Il suruint encore à cecy l'auarice qui causoit la meschanceté, & faisoit que la faute croissoit ou se diminuoit à la proportion de l'argent : ainsi qui estoit riche estoit coulpable, & ses richesses luy seruoient de salaire pour le mettre hors de danger, sans que rien semblast des-honneste pourueu qu'il y eust du gain.

Cinna accepte le second Consulat, & Marius le septiesme au *XXII.* deshonneur de leurs deuanciers. Quant à Marius dez le com- *Mort de Marius.* mencement de son esledió il mourut de maladie. Il estoit hôme fort contraire aux ennemis en temps de guerre, & aux Citoyens, durant la paix, ne pouuant viure en repos. Valerius Flaccus fut mis en sa place, autheur d'vne loy tres-vile, par laquelle ceux qui prestoient de l'argent en retiroient d'vsure par an la quatriesme partie : mais deux ans apres il en fut puny. Cinna commandant en Italie, la plus-grande partie de la Noblesse s'enfuit en Achaïe vers Sulla, & par apres en Asie. Sulla cependant com- *Exploicts de* battit si heureusement du costé d'Athenes, de Boëce, & de Ma- *Sulla en Grece* cedoine, contre les Lieutenans de Mithridates, qu'il reprit A- *contre les Lieu-* thenes, & brusla les munitions du port de Pyree : il occist plus *tenans de Mi-* de deux cents mille des ennemis, & en prit bien autant de pri- *thridates.* sonniers. Si quelqu'vn dit que les Atheniens s'estoient rebellez contre les Romains quand Sulla assiegea leur ville, il ignore la verité & l'antiquité par ensemble : car la fidelité des Atheniens

à l'endroit des Romains a esté si ferme, que les mesmes Romains
asseuroient que les affaires où l'on procedoit fidellement se faisoient d'vne foy Attique. Quant au reste, Mithridates retenoit
par ses armes les peuples en telle crainte, qu'ils enduroient d'e-
stre assaillis par leurs propres amis, ayans le corps au dedans les
murailles, trauaillans à ce qui estoit necessaire pour leur deffendre, & toutesfois leur esprit & leur affection estoit hors des murs,
& pour les assaillans. Sulla passa peu de temps apres en Asie, où
Mithridates se soubmit & s'abbaissa deuant luy. Il le contraignit
de quitter l'Asie, de luy donner de l'argent, & luy bailler nombre de ses galleres auec tout leur equipage: Il luy fit aussi aban-
donner toutes les autres Prouinces qu'il auoit prises par armes
sur les Romains: Il receut les prisonniers, fit punir les coulpables, & ceux qui s'estoient rendus aux ennemis ; commandant à
Mithridates de se contenter des bornes paternelles, c'est à dire,
de celles du Pont.

XXIV.
*C. Fimbria se
tuë.*

　　C. Flauius Fimbria, Lieutenant de la Caualerie auant l'arri-
uée de Sulla en Asie, y auoit occis Valerius Flaccus Consulaire,
& mis par hazard en fuitte Mithridates en vn combat, apres lequel les soldats le saluërent Empereur: mais estant asseuré de
l'artiuee de Sulla il se tüa soy-mesme. En la mesme annee P. Le-

*P. Lenas.*

nas Tribun du peuple, fit precipiter du mont Tarpee Sex. Lucilius, qui l'annee precedente auoit esté Tribun du peuple comme
luy, & defendit l'vsage de l'eau & du feu à ses collegues, qui s'e-
stoient retirez de crainte vers Sulla. Sulla ayant mis ordre aux
affaires qu'il auoit en Asie, & receu les Ambassadeurs des Par-

*Ambassadeurs
des Parthes vers
Sulla.*

thes, entre lesquels il y eut certains Mages qui luy predirent, que
selon les marques de son corps, sa vie & sa memoire deuoit estre
celeste, fit voile vers l'Italie, & arriua à Brunduze auec trente

*Retour de Sulla
en Italie.*

mille hommes armez, qu'il opposa à plus de deux cents mille de
ses ennemis. Ie ne trouue rien de plus memorable és actions de
Sulla, sinon qu'alors que Cinna, Marius & leurs partisans, tenoiét
l'Italie, qui fut par l'espace de trois ans, il ne dissimula point qu'il
vouloit faire la guerre, ny ne laissa pas eschapper ce qu'il auoit
entre les mains, estimant, *Qu'il falloit plustost destruire l'ennemy que
se venger d'vn Citoyen, afin qu'ayant repoulsé la crainte estrangere il sur-
montast la domestique.* Auant le retour de L. Sulla en Italie, Cinna

*Mort de Cinna.*

fut occis dans son armee en vne sedition. C'estoit vn personnage
plus digne de mourir à la volonté des vainqueurs, que par la
colere des soldats: & duquel on peut dire vrayement qu'il fit ce

qu'vn homme de bien n'ofa iamais entreprendre, accomplit ce
qu'aucun ne pouuoit paracheuer s'il n'auoit beaucoup de force,
& qui fe monftra temeraire en fes deliberations, mais homme
en fes exploicts. Carbo fut feul Conful le refte de l'annee.

Il fembloit que Sulla fuft venu en Italie non pour faire la
guerre, mais pour eftre autheur de la paix, fi grand fut le repos
auec lequel il mena fon armee par la Calabre & Apulie en la
Campagne, ayant fur tout vn extreme foing des fruicts, des
champs, des hommes, & des villes, s'effayant d'appaifer la guerre
par iuftes loix, & conditions raifonnables : mais la paix ne pouuoit agreer à ceux qui eftoient paffionnez d'vne conuoitife mau-
uaife & demefuree. Cependant l'armee de Sulla croiffoit tous
les iours, où les meilleurs foldats de l'Italie s'alloient rendre. Vn
peu apres par vn heureux euenement il furmonta Scipion &
Norbanus Confuls aux enuirons de Capuë. Norbanus fut vaincu en bataille, & Scipion trahy des fiens fut renuoyé fain & fauue par Sulla; lequel en gaignant les batailles eftoit trop bon, mais
apres la victoire deuenoit cruël outre mefure. Eftant Conful,
comme nous auons dit cy-deffus, il fe contenta de defarmer Q.
Sertorius ( ô que c'euft efté vn grand boute-feu de la guerre ! )
comme plufieurs autres auffi qui eftoient tombez en fa puiffance : tellement qu'on peut dire, qu'en vn mefme perfonnage fe
voyoient plufieurs exemples d'vn cœur double & diffimulé. A-
pres qu'il eut vaincu C. Norbanus au mont. Tifata, il rendit gra-
ces à Diane, à qui cefte region eftoit confacree, emmena tous les
malades aux bains pour leur faire receuoir guarifon, & fit des
vœux pour eux à la Deeffe : en memoire dequoy on voit encores
auiourd'huy vne infcription dans vn tableau d'airain attaché à la
porte du temple.

XXV.
Modeſtie de
Sulla en la con-
duite de fon ar-
mee entrant en
Italie.

Cependant eftoient Confuls Carbo III. & C. Marius, le pere
duquel auoit efté fept fois Conful, aagé de vingt-fix ans, perfonnage tenant plus de la complexion de fon pere, que non pas de
fon aage, & entreprenant beaucoup, fans fe monftrer indigne
du nom de Conful. Eftant desfait par l'armee de Sulla fe fauuant
vers Sacréport, il s'en alla auec fes troupes à Prenefte, qu'il fit
encor fortifier de bouleuarts. Affin que tous les mal-heurs &
mefchancetez euffent leur cours en ce fiecle corrompu, les plus
loüables exercices des Romains furent les vices : on en eftoit
venu là que le plus mefchant s'eftimoit le plus iufte. Car tandis
que les armees eftoient vers Sacréport, Damafippus Preteur,

XXVI.
C. Marius le fils
Conful,

fortifie Prenefte.

Damafippus la
maffacres qu'il
fit à Rom.

tüa en la cour Hoſtilie Domitius Sceuola grand Pontife, & autheur renommé du droiĉt diuin & humain, C. Carbo qui auoit
eſté Preteur, frere du Conſul, & Antiſtius Edile : prenant pour
pretexte qu'ils fauoriſoient au party de Sulla. C'eſt icy qu'il ne
faut point paſſer ſous ſilence la gloire de Calpurnia, fille de Be-
ſtia, & femme d'Antiſtius, car l'aĉte genereux qu'elle fit en ſe
poignardant apres la mort de ſon mary, la renduë recommandable. Quelle renommee s'eſt elle acquiſe ? Sa vertu la releue
maintenant, quoy qu'incogneuë à ſa patrie.

Grandeur de<br>courage de Cal-<br>purnia.

X X V I I.<br>Pontius Teleſi-<br>nus Capitaine<br>des Samnites,

combat contre<br>les Romains.

    Pontius Teleſinus, Capitaine des Samnites, perſonnage tres-
valeureux en temps de paix & de guerre, & du tout ennemy des
Romains, ayant fait amas de quarante mil ieunes ſoldats, braues
& reſolus à la guerre, eſtans Conſuls Carbo, & Marius, combattit de telle façon auec Sulla pres la porte Colline, que la Republique ne fut iadis en moindre peril, voyant le camp d'Annibal à
trois mil de Rome, qu'en ce iour là auquel Teleſinus faiſant la
ronde autour des rangs de ſon armee ſe prit à crier à haute voix,
*Que c'eſtoit le dernier iour des Romains, & qu'il falloit deſtruire & raſer*
*Rome :* adjouſtant, *Que iamais on n'auroit faute de loups rauiſſants la*
*liberté d'Italie, ſi on ne coupoit la foreſt où ils ſe retiroient.* Apres la pre-

eſt vaincu par<br>Sulla,

miere heure de la nuiĉt l'armee Romaine eut loiſir de prendre
haleine, & celle des ennemis prit la fuite. Le iour ſuiuant Teleſinus fut trouué demy mort, portant pluſtoſt la face d'vn vain-

ſa mort,

quéur que non pas d'vn homme mourant ; la teſte luy eſtant cou-
pee, elle fut portee monſtrer à ceux de Preneſte par le commandement de Sulla.   En fin C. Marius ieune homme encor,

& celle du ieune<br>Marius.

voyant ſes affaires en deſeſpoir, taſcha à ſe ſauuer par des lieux
ſouterrains qu'il auoit fait miner en diuers endroiĉts emmy les
champs : mais il fut occis par ceux-là meſme qu'il auoit employez
à les faire, quoy qu'aucũs eſtiment qu'il ſe tüa de ſa propre main,
& d'autres, que le plus ieune frere de Teleſinus & luy s'entre-
tuërent. Quoy qne ce ſoit, ſa memoire paroiſt aſſez en ce qu'il
eſtoit le naturel pourtraiĉt des humeurs de ſon pere. Il eſt auſſi
aſſez euident quelle opinion eut Sulla de ce ieune homme : car

Sulla s'approprie<br>le nom d'Heu-<br>reux.

apres ſa mort il s'appropria le nom d'Heureux, lequel il ſe fuſt à
bon droiĉt attribué, ſi l'iſſuë de ſa vie & de ſes victoires euſt
eſté pareille. Quant à Lucretius Ofella il commandoit au ſiege

Lucretius Ofella.

de Preneſte, pour Sulla, bien qu'il euſt eſté autresfois du party
de Marius. Sulla honnora le bon-heur de ce iour, auquel l'armee
de Teleſinus & des Samnites auoit eſté desfaiĉte par vne perpe-
tuelle

ruelle memoire des jeux Circenſes, auſquels on faict feſte ſans
nom de la victoire de Sulla.

Vn peu auparauant que Sulla combattit prez de Sacréport, **XXVIII.**
ceux qui tenoient ſon party auoient mis à vau-de-route les armees de ſes aduerſaires en pluſieurs combats ; à ſçauoir les deux
Seruiles pres de Cluſe, Metellus Pius vers Fauence, Marcus Lucullus és enuirons de Fidence. Il ſembloit que les mal-heurs de
la guerre ciuile fuſſent finis, lors qu'ils s'augmenterent par la
cruauté de Sulla : Car s'eſtant declaré Dictateur (lequel Magi- *Sulla ſe declare*
ſtrat n'auoit eſté il y auoit bien ſix vingts ans à Rome, depuis *Dictateur.*
l'annee d'apres qu'Annibal eut quitté l'Italie, affin qu'il paruſt
comme le peuple Romain n'auoit pas tant ſouhaitté de ſe ſeruir
de Dictateurs, qu'il auoit redouté la puiſſance qu'ils s'eſtoient
attribuee pour ſe venger de leurs aduerſaires ; au grand danger
de la Republique) il vſa de cruauté deſineſuree. C'eſt luy qui le
premier (pleuſt aux Dieux qu'il euſt eſté le dernier) inuenta les
confiſcations & banniſſements : c'eſt luy qui le premier dans Ro- *Ses cruautez.*
me voulut qu'on ſe rapportaſt de tout au iugement ſeul d'vn
vieux baſteleur, & qu'vn ſeul citoyen euſt pleine puiſſance ſur la
Republique ; & c'eſt luy qui permit que ceux qui en auroient
plus maſſacré euſſent plus de recompenſes, ſans que le pris de
l'ennemy tüé fut plus grand que celuy d'vn citoyen. La rigueur
n'euſt ſeulement lieu à l'endroict de ceux qui auoient porté les
armes contre ſon party, mais auſſi enuers pluſieurs innocens qui
la ſentirent : A quoy on adjouſta que les biens des bannis ſeroient
mis en vente, & que leurs enfans ſeroient fruſtrez des moyés paternels, & forclos du droict de demander honneurs & dignitez ;
& qu'enſemble (ce qui eſt du tout indigne) les fils des Senateurs
ſupportaſſent les charges de leur qualité, ſans receuoir leurs
droicts accouſtumez.

Sur la venuë de L. Sulla en Italie, Cn. Pompee aagé de vingt **XXIX.**
& trois ans, fils de ce Pompee (que nous auons dit auoir faict *Cn. Pompee.*
preuue de tant de beaux exploicts en la guerre Marſique) apres
auoir faict de hautes entrepriſes auec ceux qui eſtoient fruſtrez
de leurs biens, il amaſſa vne grande armee en la contree des Pi-
centins (où eſtoient tous les vaſſaux de ſon pere) pour venger la
dignité de ſa patrie, & la reſtablir en ſon premier eſtat. Il faudroit vn grand commentaire pour deſcrire les genereuſes actiõs
d'vn ſi grand perſonnage ; que l'abregé de ceſt œuure nous con- *Ses loüanges.*
trainct de rapporter en peu de mots. Il eut pour mere Lucilia : il

estoit de l'ordre des Senateurs, beau par excellence, non pour
ceste fleur d'aage de laquelle on fait tant d'estat, mais pour sa
dignité & genereuse grandeur qui luy estoit fort conuenable, &
qui accompagna sa fortune iusques au dernier periode de sa vie:
il estoit parfaict en bonté, des premiers en bonne vie, mediocre
en eloquence, tres-desireux du pouuoir qu'on luy deferoit par
honneur, mais non pas pour en abuser; Capitaine fort experimenté à la guerre, vray citoyen en temps de paix, & qui n'auoit
point son semblable; fort modeste, constant en ses amitiez, facile à pardonner estant offensé, prest à receuoir la satisfaction de
chacun; qui n'abusoit iamais ou bien rarement de son pouuoir:
& ce qui merite d'estre mis au rang des choses plus grandes, il
estoit fasché de se veoir le premier en dignité en vne ville libre &
maistresse du monde, quoy qu'il eust à bon droict tous les citoyés
pour ses pareils. Cestuy-cy quittant la robbe virile, exerça son
bel esprit susceptible de l'art militaire aux armees & du viuant
de son pere, auec vne sagesse admirable; aussi Sertorius donna
beaucoup de loüanges à Metellus, mais il craignit dauantage
Pompee.

**XXX.**

*Mort de Serto-
rius.*

Alors M. Perperna qui auoit esté Preteur, plus noble de race
que d'esprit; tüa Sertorius en soupant auec luy à Etosque, & par
ce meschant acte donna la victoire aux Romains, la ruyne à ceux
qui suiuoient son party,& vne mort honteuse à soy-mesme. Metellus & Pompee triompherent des Espagnes : mais Pompee
n'estant encor que Cheualier Romain le iour auparauant qu'il
fut reçeu au Consulàt, fit son entree en la ville sur vn char
triomphant. Qui ne s'estonnera de ce personnage, lequel esleué
à vn si haut degré par tant d'extraordinaires cõmandements, fut
fasché de ce que le Senat & le peuple Romain eurent esgard à la
requeste de C. Cesar,en la demande qu'il fit de l'autre Consulat?
de vray c'est vne chose familiere à quelques-vns d'estimer qu'il
n'y a qu'à eux à qui tout soit loisible; & de rapporter leur enuie

*La puissance des
Tribuns resta-
blie par Pompee.*

non à la cause,ains à la volonté & aux personnes. En ce Consulat
Pompee remit en son entier la puissance des Tribuns que Sulla
s'estoit appropriee,ne leur ayant laissé que le nom. Tandis que la

*Guerre de Spar-
tacus.*

guerre de Sertorius se faict en Espagne,soixante & quatre Gladiateurs qui s'enfuyrent de Capuë sous la conduite de Spartacus;
apres auoir emporté le plus d'armes qu'ils peurent, s'en allerent premierement au mont de Vesuve, où s'augmentans de
iour en iour ils firent de grands & diuers rauages par l'Italie: leur

nombre s'accreut tellement, qu'en leur dernier combat contre les Romains ils estoient quarante mille hommes. La gloire de cest exploict demeura à Marcus Crassus.

Cn. Pompee auoit gaigné le cœur de tous les Romains, & se comportoit en toutes choses fort courageusement : durant son Consulat il presta ce loüable serment, *Que durant son Magistrat il ne se transporteroit en aucune Prouince* ; ce qu'il effectua. A. Gabinius Tribun ordonna deux ans apres, que Cn. Pompee fust enuoyé contre les Corsaires, lesquels plustost par coustume de guerre que par larrecin tenoient en subjection toutes les Mers auec grand nombre de nauires, & mesmes auoiés pillé quelques villes de l'Italie. On voulut qu'il eust mesme pouuoir par toutes les Prouinces que les Proconsuls iusques à vingt-cinq licuës arriere de la mer. Par lequel decret, l'Empire presque de tout l'vniuers fut deferé à vn hôme seul : Toutesfois le mesme auoit esté ordonné deux ans auparauant, en la Preture de Marc Antoine. Mais quand on est present en personne, ou l'enuie nuist & s'augmente, ou bien elle apporte toute faueur : On auoit fort patiemment souffert à Antoine ce pouuoir ; car c'est bien raremét qu'on enuie les honneurs de ceux, la force desquels n'est point redoutee. Les hommes ont tousiours vne crainte que leurs desseins & conseils ne reüssissent à bien. Les principaux de Rome opinoient contre ce pouuoir de Pompee, mais l'impetuosité eut plus de force que leurs aduis. La modestie & authorité de Q. Catulus est digne de memoire, qui pour dissuader de donner ce pouuoir, dit en pleine assemblee, *Que Cn. Pompee estoit assez galant homme, mais trop libre en la Republique, & qu'il ne falloit pas se reposer du tout sur vn seul,* adjoustant ces paroles ; *Si quelque inconuenient luy suruient, qui mettrez-vous en sa place ?* à quoy tout le peuple respondit, *Toy Q. Catulus.* Alors voyant vn tel consentement du peuple, & vn si honnorable tesmoignage de luy mesmes, il s'en alla de l'assemblee. C'est icy où la modestie de Catulus, & l'equité du peuple sont admirables : de Catulus en ce qu'il ne debattit pas d'auantage ; & du peuple entant qu'il ne voulut point frustrer d'vn vray tesmoignage celuy qui contrarioit à sa volonté.

En mesme temps Cotta mi-partit le droict de iuger entre les Cheualiers & les Senateurs, que C. Gracchus auoit transporté du Senat aux Cheualiers ; & Sulla, des Cheualiers au Senat. Otho Roscius par vne loy qu'il fit, remit les Cheualiers és places qu'ils souloient auoir au Theatre. Mais Cn. Pompee apres auoir faict



---

*Notes marginales :*

*mise à fin par M. Crassus.*

XXXI.

*Guerre des Pirates,*

*sous la conduite de Pompee.*

*Q. Catulus.*

XXXII.
*Cotta mi-partit le droict de iuger aux Cheualiers & aux Senateurs.*

leuee de plusieurs braues soldats pour la guerre des Pirates, & ordonné nombre de nauires en garnison par tous les destours de la
mer, il la deliura des Corsaires, lesquels il vainquit en plusieurs
lieux & en diuerses batailles vers la Cilicie. Or pour mettre du
tout fin à vne si grande guerre, il logea ceux qui se rendirent à luy
dans plusieurs villes, & en lieux asseurez, & esloignez de la mer.
Il y en a qui ont reprins Pōpee d'auoir pris à mercy les Corsaires,
& leur auoit encor donné des pays pour habiter: mais il eut assez
de raisons de ce faire; & leur ayant permis de viure sans rauager
& courir, il empescha par ce moyen du tout leurs larcins.

**XXXIII.**

*Exploicts de L.
Lucullus.*

    La guerre touchant le faict des Corsaires estant sur sa fin, & L.
Lucullus (qui dés son Consulat sept ans auparauant qu'il eust eu
l'Asie par sort, s'estoit bandé contre Mithridates, l'auoit apres
plusieurs exploicts memorables, chassé & mis en fuite, auoit de-
liuré Cyzicus par vne signalee victoire, & vaincu Tigranes le plus
grand des Roys en Armenie, n'ayant mesmes voulu finir la
guerre quand il auoit peu; inuincible aux combats, mais qui se

*Decret de Ma-
nilius.*

laissoit vaincre à l'argent) estant encores en Asie, Manilius Tribun du peuple, qui faisoit tout par argent, & seruoit à la puissance
d'autruy, ordonna que Cn. Pompee fust Chef de la guerre côtre
Mithridates. Ce decret reçeu, ces deux grands Capitaines Romains Pompee, & Luculle commencerent à s'entrequereller par
noises & debats. Pompee mettoit en auant à Luculle sa conuoi-

*Debats entre
Lucullus &
Pompee.*

*Pompee ambi-
tieux de com-
mander.*

tise d'amasser de l'argent: & Luculle reprochoit à Pompee son
desir desordonné de commander; sans qu'aucun d'eux peust estre
repris de mensonge en ce qu'ils se reprochoient l'vn à l'autre: Car
tout aussi tost que Pompee entra en charge en la Republique, il
ne souffrit point de pareil à soy, & voulut commander seul aux
affaires où il deuoit estre le premier. Iamais aucun ne fut plus am-
bitieux de gloire que luy. Son ambition à conuoiter les honneurs
n'auoit point de bornes, quoy qu'y estant paruenu il s'y compor-
tast fort modestement: tellement que s'il les acceptoit libremét,
il s'en acquittoit aussi de bon cœur; & ce qu'il desiroit d'entre-

*Luxe de Lucul-
lus.*

prendre à sa volonté, il le laissoit à celle d'autruy. Lucullus grand
personnage, fut le premier qui se monstra du tout prodigue aux
bastiments, aux banquets & à toute sorte de luxe, que le Grand
Pompee auoit accoustumé de nommer, auec bonne grace *Xerces
de robbe longue*, à cause des logis qu'il faisoit bastir dans la Mer, &
des montagnes qu'il auoit fait creuser, pour faire courir la mer à
l'entour de ses maisons.

Durant ce temps l'isle de Crete fut soubsmise en la puissance des Romains par Q. Metellus. Panares & Lasthenes ayans faict leuee en ceste Isle de vingt-quatre mille ieunes hõmes prompts & habiles, endurcis au trauail & en l'exercice des armes, & fort adroicts à tirer de l'arc, auoient bien donné de la peine à l'armee Romaine par l'espace de trois ans. Cn. Pompee n'eut iamais repos iusques à ce qu'il eust part en ceste victoire: mais l'admirable vertu de Lucullus & de Metellus, accompagnee de l'enuie de Pompee, fit que tout homme de bien fauorisa leur triomphe. En ce temps M. Ciceron, qui n'a deu ses commencements à autre qu'à soy-mesme (personnage fort renommé en son temps, inimitable en esprit, qui nous empescha d'estre vaincus par la subtilité de ceux desquels nous auions esté vainqueurs) estát Consul, nous deliura par son esmerueillable vertu, constance, soing, & diligence, de la conjuration de Sergius Catilina, Lentulus, Cethegus, & autres des deux ordres. Catilina fut chassé de Rome: Lentulus, qui auoit esté Consul & Preteur, Cethegus & plusieurs autres de noble race furent tuez en la prison, de l'authorité du Senat, & par le commandement du Consul.

XXXIV.<br>Metellus met l'Isle de Crete sous la puissance des Romains.

M. Ciceron Consul.

Coniuration de Catilina.

Le mesme iour que cela fut fait, le Senat fit voir au plus haut degré le lustre de la vertu de M. Caton, dont il auoit desià rendu des preuues assez euidentes en diuerses occasions. Cestui-cy yssu de son bisayeul M. Caton, le premier de la famille de Porcia, vray pourtraict de la vertu, l'esprit duquel s'auoisinoit plus de celuy des Dieux que des hommes, qui ne fit iamais bien pour paroistre auoir bien faict, mais parce qu'il ne pouuoit faire autrement, auquel ce qui estoit iuste sembloit seulement raisonnable, exempt de tous les vices des hommes, & qui maistrisa tousiours la fortune: Cestui-cy declaré Tribun du peuple, fort ieune encore, les vns estans d'aduis que Lentulus & les autres qui estoient de la coniuration fussent releguez aux villes priuilegiees, interrogé des derniers quelle estoit son opinion, fit vne inuectiue contre les coniurateurs auec vn tel zele & affection, que par ses paroles il rendit suspecte l'opinion de ceux qui persuadoient d'vser de clemence, & fit cognoistre à l'œil le danger euident où estoit la Republique, & loüa en si beaux termes la vertu du Consul, que tout le Senat fut de son opinion, & fit punir les coniurateurs: mesmes la plus grande partie des Senateurs accompagna Caton iusques en son logis. Catilina ne fut pas plus nonchalant à se conseiller en sa mort, qu'il l'auoit esté taschant à executer sa coniu-

XXXV.<br>M. Caton d'Vtique, Tribun du peuple.

Mort de Catilina.

e iij

ration: car combattant courageusement, il rendit à la punition ceste vie de laquelle il estoit redeuable au supplice.

**XXXVI.**
*Naissance d'Auguste durāt le Consulat de Ciceron.*

La naissance d'Auguste dont la grandeur deuoit esblouyr le lustre des plus grands Chefs de guerre, n'accreut pas de peu la gloire de Ciceron, estant né en la mesme annee de son Consulat. Il semble presque superflu maintenant de marquer le temps auquel les plus beaux esprits ont vescu: car qui ne sçait qu'en mesme suitte de temps ceux-cy ont fleury; à sçauoir, Ciceron, Hortensius, Crassus, Caton, & Sulpitius; par apres Brutus, Calidius, Cœlius, Caluus, & Cesar qui suiuoit de bien pres Ciceron? Quant à Coruinus, Pollio Asinius, & Saluste imitateur de Thucidides, ils ont esté comme leurs disciples. Pour les Poëtes,

*Orateurs Romains.*

Varron & Lucretius; sans que Catulle en ses beaux vers leur ait en rien cedé. C'est presque vne folie de faire vn denombrement des doctes esprits que nous auons veu; entre lesquels ceux-cy sont les premiers de nostre siecle; Virgile Prince des Poëtes; Rabirius, & Tite Liue, qui ne cede rien à Saluste. C. Ti-

*Poëtes.*

bule, & Ouide ont esté parfaits en leurs escrits; car tout ainsi que les viuans les ont eu en admiration, de mesme la correction en est difficile.

**XXXVII.**
*Guerre de Pompee contre Mithridates,*

Tandis que cecy se passe en Italie, Cn. Pompee eut vne guerre memorable auec Mithridates. Apres le depart de Lucullus, ayant renforcé l'armee il mit Mithridates en fuite; lequel abandonné de toutes ses troupes s'en alla en Armenie vers Tigranes

*& Tigranes Roy d'Armenie.*

son beau-pere (qui eust esté le plus grand Roy de son temps, si auparauant Lucullus ne l'eust rabbaissé par ses armes.) Pompee doncques poursuiuit ces deux Roys, & entra en l'Armenie: Le premier fils de Tigranes disgracié de son pere, vint au deuant de Pompee auec prieres, se soubsmettant luy & le Royaume sous sa puissance, luy disant, *Que iamais il ne s'associeroit à aucun des Romains ne à d'autres de quelque nation qu'ils fussent, si ce n'estoit du vouloir de Pōpee: & que toute fortune bonne ou mauuaise luy seroit tolerable, pour neu qu'elle luy aduint à son occasion: que ce n'estoit pas deshonneur d'estre vaincu par celuy qu'on ne pouuoit vaincre qu'auec supercherie & meschanceté: & qu'au contraire c'estoit vne chose honorable de se soubmettre à luy que la fortune auoit esleué par dessus tous les autres.* Le Roy Tigranes estant aussi venu trouuer Pompee, accepta les conditions de paix qu'il luy donna, moyennant grande somme de deniers, laquelle selon

*La Syrie reduite en forme de Prouince.*

la coustume de Pōpee fut mise entre les mains du Questeur, & escrite au registre public. La Syrie fut alors faicte tributaire aux

Romains : Et les limites de l'Empire de Tigranes refferrez dans la feule Armenie.

Il ne me femble pas hors de propos, de dire icy en peu de mots quelle forte de gens & nations reduites en forme de Prouinces furent faictes tributaires des Romains, affin qu'on le puiffe mieux comprendre eftant rapporté tout d'vne fuitte, que diuifé par parties. Le premier qui trauerfa la Sicile auec fon armee, fut Claudius Conful; elle fut reduite en Prouince cinquante deux ans apres la prife de Syracufe. Deux cents quatre ans apres, la neufiefme annee depuis la premiere guerre Punique, Regulus arriua le premier en Afrique, P. Scipion Æmilian ayant ruyné Carthage il y a cent quatre vingts deux ans, la reduifit en Prouince. Sous la conduite de Tit. Manlius Conful entre la premiere & feconde guerre Punique, la Sardaigne vint en la puiffance des Romains : C'a efté vne grande preuue que les Sardaignois eftoient guerriers, puis que par trois fois cefte Ifle a efté prife: la premiere fois fous les Roys: la feconde fous le Confulat de ce Tit. Manlius: & la troifiefme fous l'Empire d'Augufte. Cn. & P. Scipions furent les premiers qui menerent leurs armees en Efpagne, au commencement de la feconde guerre Punique, il y a deux cents cinquante ans : en fin apres plufieurs grandes guerres elle a efté rendue tributaire fous la conduite d'Augufte. Paulus fubiugua la Macedoine. Mummius l'Achaïe. Fuluius l'Etolie. L. Scipion fils d'Africanus ofta l'Afie à Antiochus: mais les Roys Attaliens s'en eftans depuis rendus maiftres, Marcus Perperna la fit tributaire apres auoir pris Ariftonicus. Il ne faut attribuer à aucun la gloire de la prife de Chypre: car elle fut reduite en Prouince par la conduite de Caton apres le decez de leur Roy. Quant à Cn. Pompee, la Syrie & le Pont font les tableaux qui reprefentent la fouuenance de fa vertu.

Nous auons plufieurs fois conquefté les Gaules, & en auons efté plufieurs fois chaffez auec grande perte des noftres, premierement nous y mifmes le pied fous la conduite de Domitius Fabius neueu de Paulus, qui fut furnommé *Allobrogicus*: Mais par les beaux exploicts de C. Cefar, qui les a conqueftees par fon heureufe conduite, elles font maintenant tributaires des Romains au grand regret des Gaulois. Numidicus dompta la Cilicie, & Vulfo Manlius vainquit la Gallo-Grece apres la guerre d'Antiochus. La Bithynie, comme nous auons dit cy-deffus, nous fut laiffee hereditaire par le teftamêt de Nicomedes. D. Augufte,

*Egypte.*

outre les Espagnes, qu'il subjugua, & plusieurs autres nations, ayant faict l'Egypte tributaire, mit autant de reuenu au thresor public que son pere en auoit mis par la conqueste des Gaules. Tybere fit aduoüer aux Dalmates & Illyriens vne obeyssance pareille à celle qu'Auguste auoit faict rendre aux Espagnols: adjoustant à l'Empire Romain, la Retie, les Vandeliques, Noriques, Pannonois & Scordiques, qu'il rendit tributaires par ses armes, aussi bien que la Cappadoce laquelle se reduisit par la renommee de son authorité ; Mais reuenons à nostre premier ordre.

*Retie.*
*Les Vandeli-*
*ques.*
*Norique.*
*Pannonie.*
*Cappadoce.*

### XL.

*Estat des conquestes de Pompee en l'Orient.*

S'ensuit apres la guerre de Pompee, où il y eut autant de trauail que de gloire. Ayant vaincu bien auant en la Medie, Albanie, & Hiberie, & tourné son armee du costé droict de ces nations qui habitent au plus profond du Pont, à sçauoir vers les Colchiens, Heniochiens, & Achayens, Mithridates oppressé des victoires de ce grand Capitaine, & des embusches du fils de Pharnaces, fut le dernier de tous les Roys de l'Orient ; excepté les Parthes. Alors Pompee vaincueur de toutes les nations qu'il auoit attaquees, grand par dessus son souhait, & celuy des citoyens Romains; plus heureux en toutes choses que la fortune ne sembloit requerir, s'en retourna en Italie ; plusieurs estimoient qu'il ne viendroit pas à Rome sans vne grande armee, & qu'il voudroit gouuerner la liberté publique selon sa volonté. Le retour d'vn si grand Capitaine fut d'autant plus aggreable que la peur en auoit esté grande: Car ayant renuoyé son armee à Brunduse, ne se reseruant rien que le nom d'Empereur, il entra en la ville auec son train accoustumé. En deux ans il triompha de tant de Roys, & rapporta plus d'argent & de despoüilles au thresor public, qu'aucun autre de ses antecesseurs n'auoit fait, excepté Paulus. Durant l'absence de Cn. Pompee, Tit. Ampius, & Tit. Labienus Tribuns du peuple, ordonnerent qu'és jeux Circenses il portast la couronne d'or, & tout l'ornement de ceux qui triomphoient : & aux Sceniques la Pretexte ou robbe longue, auec la couronne d'or: ce qu'il n'effectua iamais qu'vne fois (encore fust-ce à l'enuy. ) La fortune esleua ce personnage par tant de degrez, qu'il triompha premierement de l'Afrique, par apres de l'Europe, puis de l'Asie : Il laissa autant de marques de ses triomphes à la posterité, qu'il y a de parties au monde. Iamais les choses hautes esleuees n'ont faute d'enuie: Parquoy Lucullus se ressouuenant du tort qu'on luy auoit faict, & Metellus aussi se plaignant à

*Triomphe de*
*Pompee.*

*Pompee triomphe de l'Europe, Asie & Afrique.*

bon

bon droiĉt (car Pompee luy auoit ſoubſtraiĉt des Capitaines ſes priſonniers, qui deuoient eſtre les principaux ornements de ſon triomphe) auec vne partie des premiers d'entre le peuple, ſe banderent contre luy, de crainte qu'ils auoient qu'il ne leur manquaſt de promeſſe, ou qu'il ne recompenſaſt les merites à ſa volonté.

Venons maintenant au Conſulat de C. Ceſar, qui eſcriuoit ſes beaux faiĉts de la meſme main qu'il combattoit. Il eſtoit yſſu de la noble race des Iules, & tiroit ſon extraĉtion (ſelon que les anciens nous ont laiſſé par eſcrit) d'Anchiſes & de Venus. C'eſtoit le plus beau de tous les Citoyens, fort ſubtil en vigueur, & force d'eſprit, tres-liberal, l'ame duquel eſtoit releuee par deſſus toute creance humaine: pareil du tout à ce grand Alexandre (mais ſobre, & qui ne ſe laiſſoit point vaincre à la colere) en grandeur de deſſeins, habilité de combattre, & patience és dangers; qui meſnageoit ſa nourriture & ſon repos, plus pour l'vſage de ſa vie que pour l'entretien des voluptez; proche parent de C. Marius, & gendre de Cinna, pour le reſpeĉt duquel on ne pùt iamais luy perſuader de repudier ſa fille. M. Piſo, Conſulaire, s'eſtant marié à Annia qui auoit eſté femme de Cinna, il deuint ennemy de Sulla: Ceſar auoit lors enuiron dix-huiĉt ans, eſtant hay par Sulla pour l'alliance qu'il auoit priſe en la famille de Cinna: Pour euiter la mort, il fut contrainĉt de changer ſa robbe en vn veſtement qui dementoit ſa condition, & deſguiſé s'eſchappa ſecrettement de la ville, tandis que les ſeruiteurs de Sulla, & ceux qui fauoriſoient ſon party le recherchoient pour le faire mourir; bien qu'ils le fiſſent ſans le commandement de Sulla. Eſtant pris par apres des Corſaires, fort ieune encore, il ſe comporta de telle façon en leur endroit, durant le temps de ſa captiuité, qu'ils le craignoient, & ſi ils l'honoroient; ſans que iamais ny de iour ny de nuiĉt (car pourquoy eſt-ce qu'on oubliera ce qui eſt remarquable, bien qu'on ne le puiſſe rapporter en beaux termes?) il ſe voulut deſchauſſer ou deſceindre, de peur que ſe monſtrant tant ſoit peu variable en ſes aĉtions accouſtumees, il ne ſe rendiſt meſpriſable à ceux qui le gardoient.

Il ſeroit icy trop long de raconter quelles & en quel nombre ont eſté ſes entrepriſes, & auec quelle diligence il empeſcha les deſſeins de Iunius, l'vn des Magiſtrats du peuple Romain, & qui eſtoit Gouuerneur de l'Aſie. Rapportons-en ſeulement vn exemple. La nuiĉt d'apres ceſte iournee-là que chaſque ville eut

contribué vne somme d'argent pour le racheter (de telle sorte
toutesfois, qu'il contraignit les Corsaires de bailler des gens
pour luy en ostage) ayant faict amas d'vn nombre de nauires, entré d'assaut & d'authorité priuee au lieu où estoient ces escu-
meurs de mer, il mit en fuitte vne partie de leur armee nauale,
enfonça l'autre dans l'eau, prit beaucoup de nauires & d'hommes; & bien-aise d'auoir faict ceste despeche la nuict, il prend
ceux qui l'auoient pris, puis s'achemine en Bithynie vers le Proconsul Iunius qui y estoit alors, auquel il requiert la punition
des Corsaires qu'il auoit pris; ce que luy ayant esté refusé, afin de
les vendre (en quoy l'auarice du Proconsul suiuoit sa lascheté)
il retourne en la mer d'vne incroyable vistesse, & faict crucifier
tous ces Corsaires auant que le mandement du Proconsul fust
arriué.

*Faict crucifier les Pirates qui l'a-uoient pris.*

XLIII. Le mesme s'en allant en Italie pour briguer la dignité de Pontife ( car autrefois on l'auoit esleu en son absence, lors qu'encore
enfant Marius & Cinna le firent Prestre Dial, ce qu'il perdit
depuis par la victoire de Sulla , qui abolit alors tout ce qu'ils
auoient faict) de peur d'estre pris des Corsaires qui estoient lors
les maistres de toutes les mers, & le hayssoient, Il entra dans vne
petite nef de quatre scalmes seulement, auec deux de ses amis &
dix seruiteurs, & trauersa ainsi le large golfe de la mer Adriati-
que. En ce passage luy ayant semblé auoir veu quelques nauires
de Pirates, il despoüilla sa robbe, & se preparant à l'vne & l'autre
fortune, lia son poignard à sa cuisse; mais il s'apperceut tout aussi
tost que sa veuë l'auoit trompé, & que ce n'estoit qu'vne rangee
d'arbres qu'il auoit pris pour des antennes. Le reste de ses actiōs,
sçauoir, sa fameuse accusation contre Dolabella, & la trop grande faueur que le peuple Romain y apporta, qui n'est pas commune à tous les coulpables : ses debats & discords assez renommez qu'il eut auec Q. Catulus, & autres grands personnages : le
Souuerain Pontificat qu'il obtint auant qu'estre Preteur, bien
que Catulus le briguast sur luy : & la declaration qu'vn chacun
fit l'appellant Prince du Senat: les trophees de Marius que Sulla
auoit faict abbatre, lesquels il fit releuer estant Edile, quoy que
la Noblesse s'y opposast : les enfans des proscripts qu'il fit rappel-
ler, & remettre au droict des dignitez: & l'office de Questeur, duquel il s'acquita en Espagne auec vne vertu & industrie admirable sous Vetus Antistius , ayeul de ce Vetus Consulaire & Pontife, pere de deux Consulaires & Prestres, autant homme de

*Son asseurance.*

*Ses belles & hardies actions.*

bien que l'humaine bonté le sçauroit requerir : Tous ces actes,
dis-je, sont si cogneus de tous, qu'il n'est pas besoin de les descrire
plus amplement.

En son Consulat, il associa sa puissance à celle de Cn. Pompee
& de M. Crassus, ce qui fut dommageable aux Romains & à tout
le monde, comme à eux aussi par diuerse succession de temps.
Pompee auoit eu du subiect de faire ceste association, affin que
Cesar Consul asseurast vn chacun comme il s'estoit comporté
aux guerres d'Asie, dont plusieurs se formalisoient. Cesar aussi
s'aduisoit que cedant à la gloire de Pompee, il accroistroit la
sienne, augmenteroit ses forces, & deschargeroit sur luy l'enuie
du peuple. Et Crassus d'autrepart, se persuadoit de paruenir à la
principauté (à laquelle il ne pouuoit atteindre tout seul) par l'authorité de Pompee & forces de Cesar. Quelque temps apres
Cesar & Pompee s'allierent ensemble par mariage, Pompee es-
pousant la fille de Cesar. Durant ce Consulat, Cesar par le conseil de Pompee fit vne loy, que la Champagne seroit diuisee au
peuple : enuiron mille citoyens y furent enuoyez : ainsi ce droict
leur fut rendu cent cinquante & trois ans apres ou enuiron, que
par la guerre Punique les Romains eurét reduit Capuë sous leur
gouuernement. Bibulus collegue de Cesar ne pouuant l'empes-
cher de gouuerner la Republique à sa volonté, se tint en sa maison la plus-part du temps de son Consulat. Ce que faisant, il sur-
haussa d'autant la puissance de son collegue, qu'il pensoit la rendre suspecte au peuple Romain. Cesar fut depuis enuoyé gouuerner les Gaules pour cinq ans.

En mesme temps P. Clodius, personnage noble, eloquent, audacieux, qui n'auoit autre regle ny mesure en ses dicts & en ses
faicts que sa volonté, prompt à l'execution de ses mauuais desseins, infame & coulpable d'inceste, pour auoir violé sa sœur, &
commis adultere parmy les deuots sacrifices du peuple Romain,
pratiquant de grandes inimitiez contre Ciceron ( car comment
pouuoit il y auoir de l'amitié parmy tant de dissembláces?) & tenant plus le party du peuple que celuy des Souuerains Magistrats, fit vne loy, Que quiconque auroit occis vn citoyen Romain condamné, fust banny. Ceste loy estoit directement faicte
contre Ciceron, quoy qu'il ne le nommast point. Ainsi ce grand
personnage à qui la Republique estoit si redeuable, pour l'auoir
conseruee, en eut pour la recompense vn miserable exil. Cesar &
Pompee ne furent pas exempts du soupçon d'auoir poursuiuy



*[marginalia:]*

XLIV.
*Triumvirat de Cesar, Pompee & Crassus.*

*Mariage de Pō-pee auec la fille de Cesar.*

*Loy touchant la diuision des champs dite Agaria.*

*Bibulus.*

XLV.
*P. Clodius.*

*Ciceron banny.*

ce banniſſement. Ce que Ciceron meſme eſtima luy eſtre ſurue-
nu pour n'auoir pas voulu eſtre du nombre des vingt hommes
qui diuiſerent les terres de la Champagne: mais il fut rappellé de
ſon banniſſement dans deux ans, & reſtably en ſa premiere dignité, non par le moyen de Pompee qui ne ſouhaittoit que ſa
mort, ains par les vœux de toute l'Italie, par arreſts du Senat, &
par la diligence d'Annius Milo Tribun du peuple; ſans qu'aucun
depuis l'exil ou retour de Numidicus, ait iamais eſté chaſſé auec
plus de regret, ou reçeu auec plus de joye. Sà maiſon ( que Clodius auoit ruynee) fut ſomptueuſement rebaſtie par ordonnance du Senat, aux deſpens du public. Le meſme P. Clodius ſous
vn ſpecieux pretexte enuoya en Chypre M. Caton, mais c'eſtoit
en effect pour priuer la Republique de ſes bons conſeils. Il ordonna que Caton (qui eſtoit Queſteur) s'en allant en Chypre en
qualité de Preteur, meneroit auec luy vn autre pour Queſteur,
auec commandement de ſe ſaiſir de ce Royaume, & en priuer le
Roy Ptolomee, que ſes mœurs & actions corrompuës auoient
rendu indigne de toute Royauté. Mais ſur l'arriuee de Caton ce
Roy ſe tüa: & ceſte mort fut cauſe qu'il s'en retourna pluſtoſt à
Rome, auec vne grande ſomme d'argent. Il ſemble que c'eſt vn
peché que de ne louër ſa bonté, & on le peut preſque reprendre
d'inſolence, en ce qu'eſtant ſur le Tybre auec nombre de nauires, tandis que les Conſuls, le Senat, & toute la foule du peuple
luy alloit au deuant, il ne ſortit iamais de ſes vaiſſeaux iuſques à
ce qu'il arriua au lieu où il falloit depoſer l'argent.

Pendant que Ceſar faiſoit és Gaules des exploicts de guerre ſi
ſignalez que beaucoup de volumes ne ſuffiroient pas à leur deſ-
cription; meſme qu'outre pluſieurs heureuſes victoires qu'il
auoit gaignees, & occis ou fait ſes eſclaues vne infinité de milliers
d'ennemis, il auoit deſia trauerſé la Bretagne auec ſon armee,
deſireux de conqueſter preſque vn autre monde à noſtre Empire,
& au ſien; ces deux inuincibles Conſuls Cn. Pompee & M.
Craſſus accepterent vn autre Conſulat: mais ils n'acquirent pas
grand honneur à le demãder, & moins à s'en acquitter. Le Gouuernement des Gaules fut prolongé à Ceſar par le moyen de Põ-
pee. Et Craſſus deſſeignant la guerre contre les Parthes, fut enuoyé en Syrie. Il eſtoit aſſez homme de bien, ſans eſtre ſubject à
ſes plaiſirs; mais ſi conuoiteux d'argent & de gloire, que ſon ambition n'auoit point de mediocrité ny de bornes. Lors qu'il s'en
alla en Syrie les Tribuns du peuple s'eſforcerent en vain de le re-

Son retour.

Caton enuoyé en
Chypre.

XLVI.
Ceſar és Gaules,

Eſ en Angle-
terre.

Craſſus attaque
les Parthes,

tenir auec imprecations execrables. Si elles n'euſſent tombé que ſur luy, (ſon armee ſauue) elles euſſent eſté profitables à la Republique; mais il fut tué auec la plus grande partie de ſon armee, par le Roy Orodes, qui l'enuironna d'vne trouppe de caualerie, tandis qu'il trauerſoit l'Euphrate pour s'en aller en Seleucie. C. Caſſius Queſteur ſauua les reſtes de ſon armee, & maintint tellement la Syrie en la puiſſance du peuple Romain, qu'il deſconfit puis apres les Parthes & les enchaſſa.

*Et eſt desfaict auecques les ſiens.*

*C. Caſſius.*

Durant ce temps & du depuis (comme nous auons dit) C. Ceſar tua és Gaules plus de quarante mil ennemis, & en prit dauantage. On combattit ſouuent main à main en pluſieurs batailles, rencontres & aſſauts. Deux fois il entra bien auant en la Bretagne. Bref par l'eſpace de neuf annees, il n'y en euſt aucune en laquelle il ne triomphaſt ſelon ſon merite. Autour d'Alexie il fit des exploicts qu'homme n'oſeroit entreprendre, ny aucun paracheuer, ſi ce n'eſtoit quelque Dieu. En la ſeptieſme annee durât que Ceſar eſtoit encor és Gaules, luy & Pompee deuindrent ennemis: apres que Iulia fille de Ceſar & femme de Pompee fut decedee, auec le petit fils qu'il auoit eu d'elle. Telle fut lors la rigueur de la fortune, laquelle par ces deux morts rompit l'vnion qui eſtoit entre ces deux grands Capitaines. Ce fut lors que les Citoyens Romains commencerent à venir aux armes & à s'entretuër, forcenez d'ambition, qui n'auoit ny fin ny bornes. Neâtmoins pour la troiſieſme fois Pompee fut fait Conſul ſans aucun Collegue, meſme de l'aduis de ceux qui contrarioient auparauât à ſa Grandeur: laquelle eſlection (comme s'il ſe fuſt reconcilié auec les principaux du peuple dont Ceſar l'auoit aliené) il tenoit à grande gloire: & reduiſit toutes choſes en bon eſtat durant ce ſien Conſulat. En ce temps là P. Clodius en vne querelle faicte à deſſein pres de Bouilles, fut tué par Milo, qui briguoit le Conſulat: ceſt acte ne rendoit pas Milo ſi criminel, que Pôpee l'auoit condamné: toutesfois M. Caton le rendit abſous par ordonnance publique; s'il ne ſe fuſt ſi toſt haſté, pluſieurs n'euſſent pas manqué d'approuuer, que le plus meſchant citoyen & qui hayſſoit le plus le bien de la Republique, auoit eſté iuſtement tué.

*XLVII.*
*Exploicts de Ceſar es Gaules.*

*Decez de Iulia.*

*Pompee faict ſeul Conſul.*

*Meurtre de Clodius.*

Peu de temps apres s'enflammerent les commencements d'vne guerre ciuile; car les gens de bien demandoient que Ceſar & Pompee fuſſent deſchargez des armees. Pompee en ſon ſecond Conſulat auoit voulu qu'on le deleguaſt gouuerneur de toutes les Eſpagnes, durant trois ans; mais il ne voulut bouger de

*XLVIII.*
*Cômencements d'vne guerre ciuile.*

Rome tandis qu'Afranius & Petreius ſes Lieutenans, l'vn Conſulaire & l'autre Preteur, les gouuernerent pour luy en ſon abſence; & cependant qu'il fauoriſoit en la ville ceux qui demandoient que Ceſar euſt à ſe deſcharger des armees, & retourner en homme priué, & qu'il s'oppoſoit à ceux qui ſouſtenoient le contraire. Si deux ans auant que prendre les armes il fuſt mort en Champagne d'vne grande maladie qu'il eut, apres auoir accomply les charges du Theatre, & parfaiĉt pluſieurs ouurages qu'il auoit entrepris (auquel temps toute l'Italie fit des vœux pour ſa ſanté) la ruine de ſa fortune euſt manqué d'occaſion, & euſt porté en l'autre monde ceſte grandeur entiere, qui l'auoit eſleué iuſques aux Cieux. Le plus ardent flambeau de la guerre ciuile, & de tous les autres malheurs qui s'enſuiuirent durant vingt ans, fut C. Curius Tribun du peuple; perſonnage noble, eloquent, audacieux, auſſi prodigue de ſon honneur & de ſa honte que de celle d'autruy; ſubtil en ſa meſchanceté, & grand harangueur au dommage du public; à l'appetit, voluptez, & paillardiſes duquel aucunes richeſſes ny conuoitiſes ne pouuoiét ſuffire. Ceſtui-cy tint premierement le party de Ceſar, c'eſt à dire (comme on eſtimoit alors) de la Republique : depuis il ſe banda par feintiſe & contre Pompee & contre Ceſar, quoy qu'il tinſt touſiours ſecrettement le party de Ceſar. Nous laiſſons à part, à ſçauoir, s'il fit cecy gratuitement, ou s'il le fit apres auoir reçeu cent H-s, comme on nous a dit. Bref il troubla pluſieurs proffitables conditions d'vne paix que Ceſar demandoit, & Pompee acceptoit de bon cœur; tandis que Ciceron prenoit ſoigneuſement garde au repos du public. De ces effeĉts, & de pluſieurs qui ſe ſont depuis paſſez, les liures des autres en font mention, & nous en parlerons aux noſtres comme i'eſpere.

*Maladie de Pompee.*

*C. Curius Tribun,*

*eſt corrompu par Ceſar.*

**XLIX.**

Reprenons maintenant le fil de noſtre Hiſtoire, apres que i'auray dit, que ie ſuis bien aiſe de ce que Q. Catulus, les deux Luculles, Metelle & Hortenſe ſont decedez d'vne mort paiſible, tardiue & fatale, auant le commencement des guerres ciuiles, & apres auoir excellé en la Republique ſans enuie, & ſans danger. Lentulus & Marcellus eſtans Conſuls DCCIII. ans apres la fondation de Rome, & l'an ſeptante deux auant que toy, M. Vinicius, acceptaſſes le Conſulat, la guerre ciuile s'eſleua. Pompee s'eſtimoit auoir meilleur droiĉt que Ceſar: toutes choſes eſtoiēt belles de ſon party, mais de l'autre elles eſtoient puiſſantes & en bon poinĉt. L'authorité du Senat fit prendre les armes à Pom-

*Mort de Catulus, des Luculles, de Metellus, & d'Hortenſius.*

*Guerre ciuile entre Pompee & Ceſar.*

pee, & l'affeurance des foldats à Cefar. Les Confuls & le Senat
attribuerent le fouuerain commandement pluftoft à la caufe,
qu'à Pompee. Cefar n'oublia rien dequoy on peuft faire effay
pour entretenir la paix. Les partifans de Pompee n'accepterent
aucun offre, l'vn des Confuls eftant trop arrogant. Quand la Republique euft efté hors de danger, Lentulus mefme ne pouuoit
eftre fauué ; & M. Caton proteftoit *de mourir pluftoft que de receuoir
quelque condition d'vn citoyen* : C'eftoit vn perfonnage ancien &
graue, qui faifoit eftat du party de Pompee comme le plus honorable, mais il euft mieux fait de fuiure celuy de Cefar. Apres
qu'on eut mefprifé toutes les demandes de Cefar (*qui fe vouloit
contenter de retenir le gouuernement de la Prouince [ des Gaules ] auec vne
Legion, & reuenir en homme priué à Rome fe foufmettre aux voix du peuple Romain en la demande du Confulat*) fe doutant bien qu'il falloit    *Fuite de Pompee
combattre, il paffa le Rubicon auec fon armee. Cn. Pompee, les    *hors d'Italie.*
Confuls & la principale partie du Senat quittans la ville de Ro-
me, & puis apres l'Italie, s'en allerent à Dyrrachium.

    Cefar ayant pris dans Corfinium Domitius & fes Legions,    **L.**
apres l'auoir renuoyé vers Pompee, auec ceux qui le voulurent
fuiure, pourfuiuit fes ennemis vers Brunduze, ce qu'il fit de telle
façon, qu'il fembloit aymer mieux finir la guerre par accord,
qu'oppreffer les fuyards. Affeuré que les Confuls eftoient hors
d'Italie, il s'en retourna à Rome, ou ayant declaré en plein Senat    *Cefar entre dans*
qu'il auoit efté neceffairement contrainct de prendre les armes    *Rome.*
pour fe defendre de celles de fes ennemis, il fe refolut auant que
pourfuiure Pompee en la Grece, d'aller en Efpagne. Marfeille    *Affiege & prend*
plus zelee en fidelité aux Romains, que prudente en confeil, re-    *Marfeille.*
tarda vn peu fon voyage. Eftant arriué en Efpagne, l'armee qui y
eftoit foubs la conduite d'Afranius Confulaire, & de Petreius    *Range l'Efpagne*
Pretorien, tenans le party de Pompee, eftant troublee par fon    *à fon party.*
arriuee, & par fes beaux faicts d'armes, fe rendit à luy. Les deux
Lieutenants, & tous ceux qui les voulurent fuiure, de quelque
qualité qu'ils fuffent, furent renuoyez à Pompee.

    L'annee fuiuante Pompee ayant mandé les Legions de toutes    **LI.**
les Prouinces d'outre mer, affifté d'vn gros de caualerie & de
pietons, & des troupes de plufieurs Gouuerneurs de Prouinces,
& de Roys alliez, fit amas d'vne grande armee, & fe campa aux    *Armee de Pom-*
enuirons de Dyrachium. Il dreffa auffi vne forte armee nauale,    *pee à Dyra-*
afin que Cefar ne puft faire paffer outre mer fes Legions. Mais    *chium.*
Cefar accompagné de fa fortune vfant de fa diligence couftu-

miere ne tarda beaucoup de passer la mer & de dresser son camp
vis à vis de celuy de Pompee, qu'il attaqua de tous costez. La famine estoit plus insupportable aux assaillans que non pas aux assaillis. Alors Cornelius Balbus né en Espagne, entra dans le camp
*Armee de Cesar.*
de Pompee, & auec vne audace Espagnole parlant à Lentulus
Consul, luy demanda combien il luy vendroit le Consulat: il
esperoit vn iour de triompher, de paruenir à la dignité de Pontife,
& d'estre faict Consulaire, n'estant qu'homme priué. Les combats qu'eurent Pompee & Cesar furent variables : mais entr'autres, il y en eust vn fort fauorable aux Pompeiens, auquel les Cesariens furent fort rudement repoulsez.

**LII.**

*Pompee desfaict par Cesar.*

    Alors Cesar auec son armee s'en alla en Thessalie, pays destiné
& fatal à sa victoire. Pompee sans auoir aucun esgard à ce qu'on
luy conseilloit poursuiuit son ennemy, bien que plusieurs fussent
d'aduis de retourner en Italie, & luy disoient que c'estoit le principal prix qu'ils attendoient de ceste guerre, & où le bon-heur
de sa reputation s'accroistroit de iour à autre. Il y auroit de l'excez en ceste histoire si ie voulois raconter la guerre de Pharsale,
& ce qui se passa en ce iour destiné & fatal au renom des Romains ; ou si ie voulois descrire le choc de ces deux Chefs de la
Republique, comme le lustre de l'Empire Romain en fut escly-
psé, & les infinis meurtres que firent les Cesariens de leurs com-
patriotes & Citoyens. Mais qu'y a il de plus remarquable que
cecy ? Tout aussi-tost que Cesar vit que les restes de l'armee de
*Clemence de Cesar.*
Pompee s'estoient rendus à sa discretion, son plus grand soin fut
de les renuoyer sains & sauues. Dieux immortels de quel paye-
ment recompensa Brutus par apres l'affection & bonne volonté
d'vn si doux personnage ? Il n'y eut rien de plus admirable que
ceste victoire : il n'y eut point de reputation ny de magnificence
pareille à la sienne : seulement l'opiniastreté des vaincus, retarda
la clemence des victorieux.

**LIII.**

*Fuite de Pôpee en Egypte.*

    Pompee s'enfuyant auec les deux Lentules, Consulaires, Sex-
tus son fils, & Fauonius Pretorien, les vns luy conseilloient qu'il
s'en allast aux Parthes, les autres en Afrique (où le Roy Iuba tenoit son party fort fidellement.) Toutesfois se ressouuenant des
courtoisies qu'il auoit faictes en Alexandrie au pere de Ptolemee
qui regnoit lors en Egypte plustost en son enfance qu'en sa ieunesse, il resolut de s'y acheminer. Mais qui est-ce qui se souuient
des biens-faits és aduersitez? qui est-ce qui pense deuoir de l'obligation aux miserables ? la fortune nous est-elle tousiours fidelle?
Theodotus

Theodotus & Achillas furent donc enuoyez de la part de ce
ieune Roy Ptolomee à Pompee (qui en paſſant à Mitylene auoit
pris ſa femme Cornelia pour l'accompagner en ſa fuite)affin de le
receuoir,& luy dire qu'il ſortiſt de ſon nauire dans vn autre qu'il
luy enuoyoit pour le mettre à terre: ce qu'ayant faict, le grand
Pompee Souuerain Chef des Romains fut maſſacré par le commandement & à la volonté d'vn eſclaue Egyptien,eſtans Conſuls
C.Ceſar, & P.Seruilius. Telle fut l'iſſuë de la vie d'vn ſi grand &     *Mort de Pom-*
excellent perſonnage, la veille du meſme iour qu'il naſquit,aagé     *pee.*
de cinquante-huict ans; apres trois Conſulats, & autant de
triomphes. Il auoit ſubjugué tout le monde, & s'eſtoit eſleué à
vn grade d'honneur ſi haut,qu'il eſt impoſſible d'y paruenir: mais
la fortune fut ſi muable en ſon endroict,que la terre qui auoit eſté
trop petite pour comprendre ſes ſi grandes victoires, ne donna
point de lieu à ſa ſepulture. Que diray-je autre choſe, ſinon que    *Son aage.*
ceux auoient trop peu d'occupation qui ſe ſont meſcontez
de cinq ans en l'aage du plus grand homme de noſtre ſiecle? la
ſupputation des annees eſtant ſi facile depuis le Conſulat de
C. Attilius,& Q.Seruilius: ce que i'ay adjouſté,non pour reprendre,mais afin de n'eſtre repris.

La fidelité de ce ieune Roy, & de ceux auſquels il ſe laiſſoit     LIIII.
gouuerner, ne fut pas plus grande enuers Ceſar qu'à l'endroit de   *Le Roy d'Egypte*
Pompee; car ayans bien oſé luy dreſſer ſecrettement des embuſ-   *puny par Ceſar*
ches, eſtant allé en Egypte, & le deffier à la guerre, ils furent par   *pour ſon infideli-*
luy punis ſelon leur merite.  Bien que Pompee fuſt hors de ce    *té.*
monde,toutesfois au nom de Iuba il eſtoit encore par tout: car la
faueur de ſon party auoit ſuſcité la guerre d'Afrique, que le Roy
Iuba, & Scipion, Conſulaire(beau pere de Pompee) auoient eſmeuë deux ans auparauant que Pompee decedaſt. M. Caton
auoit augmenté leurs troupes de quelques Legions qu'il auoit
conduites en Afrique,auec beaucoup d'empeſchements par les
chemins. Ce perſonnage voulut obeyr à Scipion comme au plus
honorable , bien que les ſoldats luy euſſent deferé vn abſolu
commandement.

Paſſons outre en peu de mots, ſelon la briefueté promiſe.Ce-      L V.
ſar s'en allant où ſa fortune l'appelloit, arriua en Afrique , (que    *Scipion & Iuba*
les armees Pompeiennes maiſtriſoient apres la desfaicte & la     *vaincus.*
mort de Curio, qu'il auoit enuoyé pour y commander ) où il demeura victorieux de ſes ennemis apres pluſieurs douteux &
grands combats. C'eſt icy où ſa clemence ne fut pas moindre à

l'endroit des vaincus qu'auparauant. Vaincueur de la guerre d'Afrique, il entreprit celle d'Espagne beaucoup plus dangereuse & terrible, (car il ne merita pas grande gloire pour auoir vaincu Pharnaces Roy de Pont)que Cn. Pompee fils du grand Pompee auoit esmeuë, assisté des forces de toutes les parties du monde, plusieurs contribuans encore de tous costez à la grande reputation de son pere. Ce ieune homme estoit fort courageux à la guerre ; mais sa valeur ceda à la bonne fortune qui accompagna Cesar en Espagne, toutesfois auec beaucoup de peine; car il n'auoit iamais entrepris guerre, où il eust esprouué plus de dangers: tellement que la victoire estant incertaine & presque hors d'espoir, il fut contraint de mettre pied à terre, & s'arrester deuant son armee qui reculoit: se voyant reduit à telle extremité, il protesta à ses soldats qu'il tiendroit ferme,& ne reculeroit d'vn pas, par ainsi qu'ils considerassent quel Empereur ils delaissoient au besoin: A ces paroles il se remirent en leurs rangs, & conduits de leur Chef ils retournerent au combat, plus par honte que par vertu.

Cn. Pompee griefuement blessé se sauua & cacha dans la creuaçe d'vn rocher, mais estant decelé, il fut tué par ses ennemis. Labienus & Varus furent occis en la bataille. Cesar retourné à Rome victorieux ( ce qui semble quasi incroyable) pardonna à tous ceux qui auoient porté les armes contre luy, & par des magnifiques combats de gladiateurs, par des batailles naualles, par des combats tant à pied qu'à cheual , par des spectacles d'Elephans combattans, & par des banquets somptueux, il donna toutes sortes d'esbatemens & de recreations au peuple. Il triompha cinq fois. Les statuës , les images & tout ce qui se portoit au triomphe des Gaules estoit faict de citronnier , celles du Pont estoient d'achanthe, celles d'Alexandrie de tortuës, celles d'Afrique d'yuoire, & celles d'Espagne d'argent rasile. La valeur des despoüilles fut estimee à six mille H-S. A peine ce si grand Capitaine (qui en la victoire se gouuernoit auec tant de clemence )fut six mois en repos: Car n'estant retourné à Rome qu'au mois d'Octobre, aux Ides de Mars, Brutus & Cassius conspirerent contre luy & le tuèrent ; celuy-là, parce qu'il ne l'auoit pas obligé en luy promettant le Consulat; & celuy-cy se sentant offensé de ce qu'il differoit à luy promettre. D. Brutus, & C. Trebonius auec plusieurs grands & illustres personnages furent les conseillers de ceste coniuration, bien qu'ils fussent les plus

fauorits de Cefar, qui auoient faict leur fortune à la fuitte de fon
party, & s'eftoient efleuez aux plus hautes dignitez. M. Antoine
collegue de Cefar en fon Confulat, homme entreprenant, fut occafion du pretexte que l'on prit de le hayr, & de la grande enuie
qu'on luy porta, pour luy auoir mis fur fa tefte les enfeignes
Royales, tandis qu'il eftoit en fon fiege és Roftres aux Lupercales; Cefar les répoulfa bien, mais ce fut auec telle modeftie,
qu'il fembloit ne s'en eftre aucunement offencé.

Sa mort qui aduint peu apres, rendit loüable le confeil de
Panfa & d'Hirtius qui luy auoient toufiours confeillé, *qu'il main-
tinft par armes la Principauté que les armes luy auoient acquife.* Il auoit
accouftumé de dire, *qu'il aymoit mieux mourir que de fe faire craindre,*
& eftimant qu'on praticqueroit enuers luy la mefme clemence
de laquelle il vfoit à l'endroit d'autruy, fans fe tenir fur fes gardes, il fe trouua affaffiné par des ingrats, apres plufieurs prefages
que les Dieux immortels luy donnerent de ce defaftre. Car les
deuins l'auoient defià aduerty qu'il fe prift foigneufement garde
du iour des Ides de Mars; & fa femme Calpurnia efpouuentee
par vne vifion nocturne, le prioit qu'il ne fortift pas de la maifon
ce iour là : mefme on luy auoit donné certains billets, qui l'aduer-
tiffoient de la coniuration, lefquels il n'auoit daigné lire. Mais
quoy ? le deftin eft ineuitable.

L'an auquel fut fait ceft affaffinat Brutus & C. Caffius eftoient
Preteurs, & D. Brutus eftoit defigné Conful. Ceux-cy auec
leurs complices & vne trouppe de gladiateurs qui feruoient de
gardes à D. Brutus, fe faifirent du Capitole. Antoine, Conful
(que Caffius auoit auffi deliberé de tuër, enfemble de faire an-
nuller le teftament de Cefar, quoy que Brutus s'y oppofaft, fou-
ftenant que les Citoyens ne deuoient fouhaitter autre chofe que
le fang du Tyran, duquel nom ils qualifioient Cefar pour colo-
rer leur felonnie ) ayant affemblé le Senat, auec Dolabella, que
Cefar auoit defigné Conful en fa place ; & rompu côme autheur
de paix les haches & faiffeaux de verges qu'on portoit deuant
les Magiftrats, & les enfeignes Confulaires, il enuoya fes enfans
en oftage au Capitole, affin que les affaffins & meurtriers de Cefar en defcendiffent en affeurance : Le Senat fit publier vn Decret portant oubliance des chofes paffees, fuiuant l'ordonnance
tant renommee des Atheniens, laquelle fut lors rapportee par
Ciceron.

On vint apres à ouurir le teftament de Cefar, par lequel il ado-

LVII.

*Sa mort.*

LVIII.

*Brutus & Caf-
fius fe retirent
au Capitole.*

*Loy d'Amniftie
publiee entre les
Romains apres
la mort d. Iules
Cefar.*

LIX.

ptoit C. Octauius neueu de sa sœur Iulia ; de l'extraction duquel
nous en dirons peu de mots. C. Octauius son pere issu de race de
Cheualier, n'estoit pas de maison Patricienne : mais il estoit modeste, homme de bien, & de moyens. Cestuy-cy choisi entre les
plus nobles, eut aussi la premiere Preture : sa bonne reputation
luy fit auoir pour femme Atia fille de Iulia. Par sort il eut depuis
le Gouuernement de Macedoine, où il fut saluë Empereur : Il
deceda lors qu'il s'en alloit expres pour demander le Consulat,
laissant vn fils fort ieune encore, que C. Cesar son oncle fit esle-
uer sous la conduitte de Philippe son beau-pere, qui l'aima côme
son propre enfant. Ayant atteint l'aage de dix-huict ans, il le sui-
uit en la guerre d'Espagne, & l'eut tousiours en sa compagnie, ne
le faisant loger iamais ailleurs que chez luy, ne monter sur autre
chariot que sur le sien ; mesmes il l'honora en son enfance de la
dignité de Pontife. Apres les guerres ciuiles il l'enuoya aux
exercices en Apollonie, esperant qu'il l'accompagneroit vn iour
à la guerre contre les Getes, & contre les Parthes. Mais si tost
qu'Octauius eut reçeu nouuelles du meurtre de son Oncle, les
Centeniers des Legions prochaines luy promirent de l'assister de
tout leur pouuoir, & de celuy de leurs soldats : ce que Saluidienus & Agrippa luy conseillerent de ne point refuser. Se diligen-
tant de s'en retourner à Rome, estant à Brunduse il vit le testament de son oncle, & sçeut au vray ce qui s'estoit passé en sa mort.



Arriué pres de Rome, vne grande troupe de ses amis luy vint au
deuant ; & comme il entroit dans la ville il fut veu sur sa teste vn
rond de soleil esgallement courbé, & my-vouté en façon d'arc,
qui sembloit seruir de couronne au chef d'vn si grand personnage.



Atia sa mere, & Philippe son beau-pere, n'estoient pas d'aduis
qu'il prist le nom de Cesar, pour l'enuie que ce nom luy pourroit
susciter ; mais l'asseuroient qu'en le changeant les Dieux luy seroient fauorables & à la Republique, & à tout le monde, comme
à celuy qui deuoit estre le defenseur de la grandeur Romaine.
Mais quoy ? ceste ame toute celeste ne fit pas grand conte du cô-
seil des hommes, & ayma beaucoup mieux suiure les choses hautes auec danger, que les basses auec asseurance ; eslisant plustost
d'ensuiure les braues faicts de son oncle, que non pas de croire à
son beau-pere ; disant au reste, que ce luy seroit vne lascheté de
s'estimer indigne d'vn si beau nom que celuy de Cesar. Antoine



Consul l'ayant reçeu orgueilleusement (plustost par crainte que

par mefpris) à peine luy donna il temps de parler à luy és iardins
de Pompee: mefmes vn peu apres il l'accufa faulfement de luy
auoir dreffé des embufches: enqu̍oy, non fans honte il fit paroiftre fa vanité. La maudite ambition de dominer qui poffedoit
Antoine & Dolabella Confuls, fe fit lors affez paroiftre. Antoine
fe faifit de fept mille H-s. que Cefar auoit mis en depoft au Téple
d'Ops: il falfifia auffi fes regiftres par le moyen defquels il fit &
des Officiers & de la Republique ce qu'il voulut: il refolut auffi
de s'emparer par force de la Gaule, qui auoit efté adjugee à D.
Brutus defigné au Confulat. Dolabella s'attribua les Prouinces
d'outre-mer: vne haine naturelle s'augméta entr'eux qui eftoiét
contraires en humeurs & en volontez. C.Cefar fort ieune eftoit
tous les iours affailly des embufches d'Antoine; & Rome lan-
guiffante ne pouuoit plus fupporter fa domination.

Tous en eftoient defplaifans & courroucez; mais les forces
manquoient à chacun pour y refifter. Ce que voyant C.Cefar
paruenu à l'aage de dix-neuf ans, capable d'entreprendre chofes
hautes, bien qu'il n'euft autre confeil que le fien, monftra plus de
courage à l'endroit de la Republique, que non pas tout le Senat;
car il fit venir de Gajazzo & de Caftelluzo les vieux foldats de
fon pere, à l'exemple defquels plufieurs autres le vindrent trouuer en peu de temps, & par ce moyen amaffa vne affez grande armee. En mefme temps Antoine eftant allé au deuant de l'armee
qu'il auoit faict venir à Brundufe des Prouinces d'outre-mer, la
Legion Martianne, & la quatriefme, qui recognoiffoient la volonté du Senat & la bonne nature de ce ieune Prince, les enfeignes haulfees s'en vindrent encor ioindre à Cefar. Le Senat
l'ayant honnoré de la dignité Pretoriale, & d'vne ftatuë à cheual,
(qui eft encor auiourd'huy és Roftres, où on void fon aage en efcrit, honneur que durant trois cents ans on n'auoit fait qu'à L.
Sulla, Cn. Pompee & C.Cefar) l'enuoya auec Hirtius & Panfa
Confuls faire la guerre contre Antoine. C.Cefar aagé pour lors
de vingt ans, combattit aupres de Modene vaillamment, & deliura D. Brutus qui eftoit affiegé. Antoine par vne honteufe
fuitte fut contraint de quitter l'Italie; & peu de iours apres les
deux Confuls moururent: l'vn d'vne bleffure, & l'autre en l'armee.

Auant la fuitte d'Antoine, le Senat auoit ordonné plufieurs
honneurs à Cefar par l'aduis de Ciceron, mais la crainte paffee,
la volonté leur changea; voyant le party de Pompee qui auoit re-

priscourage. Les Prouinces desquelles Cassius & Brutus s'estoiët
emparees sans aucun arrest du Senat, leur furent alors accordees:
on honora tous ceux qui s'allerênt rendre à eux ; & tous les gouuernemens d'outre mer furent soubmis à leur volonté: parce que
M. Brutus & C. Cassius, tantost craignant les armes d'Antoine,
tantost pour le rendre plus odieux & feignans de le redouter,
auoient faict publier en la declaration de la prise de leurs armes,
*qu'ils endureroient volontairement de demeurer perpetuellement absents de*
*Rome, pourueu que la Republique fust en repos, & qu'ils ne seroient iamais*
*les boute-feux d'vne guerre ciuile.* Il n'y auoit point d'apparence qu'il
y eust de l'honneur & de la iustice en la prise de leurs armes, veu
que dés qu'ils furent sortis de Rome & puis de l'Italie, ils s'empa-
rerent ( obstinez en leur premiere volonté ) des Prouinces & des
armees sans authorité du public, presumans qu'ils estoient la
Republique. Par là où ils passoient ils leuoient de l'argent par
contrainctes : mesmes ils contraignirent les Thresoriers qui faisoient porter à Rome les receptes des Prouinces d'outremer, de
leur bailler les deniers de leurs receptes ; ce que le Senat approu-
ua depuis par arrests. Vn triomphe fut ordonné à D. Brutus qui
faisoit bonne chere du bien d'autruy. Les corps de Pansa & Hirtius furent honnorez d'vn enterrement public. On fit lors si peu
d'estat de Cesar, qu'on commanda aux Lieutenans qui furent
enuoyez en son armee, de ne parler qu'aux soldats : Mais les soldats ne se monstrerent si ingrats enuers luy qu'auoit faict le Senat, car Cesar ayant supporté ceste injure, sans en faire semblant,
ils refuserent d'ouyr aucun mandement qu'en la presence de
leur Empereur. C'estoit en ce temps-là que Ciceron amy de ceux
qui suiuoient le party de Pompee, faisoit trophee de loüer & exal-
ter Cesar, quoy qu'à double entente.

    Cependant Antoine fuyant & ayant trauersé les Alpes, fut
premierement nonobstant ses belles paroles, esconduit de pouuoir entrer dans le camp de M. Lepidus, ( lequel esleu secrette-
ment Souuerain Pontife en la place de C. Iules Cesar, & dele-
gué en Espagne, ne laissoit pas pourtant de s'arrester en France; )
Mais s'estant faict voir plusieurs fois aux soldats, ( ainsi que tous
les Empereurs ou Chefs de guerre, surpassoient Lepidus en bôté,
aussi plusieurs cedoient à Antoine en ceste vertu, lors qu'il estoit
sobre & modeste; ) ils abbatirent le paly, & le receurent par le
derriere du camp. Il n'y a point de doute qu'Antoine ne fust in-
ferieur à Lepidus en degré d'Empire. Antoine entrant dans le

camp de Lepidus, vn certain Iuuentius (homme duquel la vie ne *Iuuentius Late-*
difcorda point auecques fa mort ) ayant confeillé auec beau- *ronfis fe tue.*
coup de fubtilité à Lepidus qu'il ne s'affociaft à Antoine fon ennemy iuré, fafché de ce que fon confeil ne produifit aucun effect, fe tüa foy mefme. Plancus fut en doute long temps quel *Plancus.*
party il deuoit prendre : il affiftoit maintenant de fes forces D.
Brutus fon compagnon appellé au Confulat, tantoft il aduoüoit
les Edicts & mandements du Senat, & tantoft il le trahiffoit.
Mais Afinius Pollio ferme en fon deffein, fidelle au party des *Afinius Pollio.*
Cefariens, & contraire à celuy de Pompee, liura fon armee à
Antoine.

D. Brutus abandonné de Plancus & de fon armee, tafchant à LXIIII.
fe fauuer dans la maifon d'vn certain Gentil homme nommé
Camelus, fut mis à mort par ceux qu'Antoine auoit enuoyez *D. Brutus tué.*
pour le tüer : eftant puny à bon droict du meurtre de C. Cefar,
auquel il auoit tant d'obligations, ayant eu l'honneur d'eftre de
fes plus fauorits : mefmes il auoit ofé blafmer les faicts de l'autheur de fa fortune, & trouuoit equitable de retenir les biens-
faicts qu'il auoit reçeus de luy, fans auoir memoire de celuy qui
les luy auoit donnez. Ce fut alors que Ciceron par fes continuelles harangues marqua d'infamie eternelle la memoire d'Antoine, & ainfi qu'il defchiffroit fes vices auec vne eloquence admirable & diuine, le Tribun Canutius auffi ne vomiffoit que rage
contre luy : Tous deux en fin n'eurent que la mort pour recompenfe d'auoir deffendu la liberté.

Lepidus fut declaré ennemy du Senat, ainfi qu'Antoine l'a- LXV.
uoit efté peu auparauant. Alors luy, Cefar, & Antoine commencerent à conferer enfemble par lettres, des moyens de leur ac- *Confpiration des*
corder. Antoine remonftroit à Cefar la grande haine que ceux *Triun-virat.*
du Party de Pompee luy portoient : à quel degré d'honneur il
eftoit defià paruenu ; & auec quelle affection & violence Ciceron publieroit cy apres le los de Brutus & de Caffius : l'admone-
ftant auffi que s'il luy refufoit la paix, il joindroit fes forces auec
dix fept Legions qu'ils auoient à leur commandement : *Que Ce-*
*far eftoit plus obligé à venger la mort de fon pere, que luy, à qui il n'eftoit*
*qu'amy.* En mefme temps par les prieres & requeftes de leurs armees Antoine & Cefar s'allierent enfemble, & la belle-fille
d'Antoine fut promife en mariage à Cefar, qui entra au Confulat l'auant iour de fa vingtiefme annee, le x. des Kal. d'Octobre,
& luy fut donné pour collegue Q. Pedius, l'an de la fondation de

Rome DCCIX. ans, & LXXII. auant que toy M. Vinicius fuſſes
Conſul. L'on vid ceſte annee là Ventidius prendre la robbe de
Preteur, qu'il ioignit à la Conſulaire, en la meſme ville en laquelle
il auoit eſté autresfois mené captif auec ceux de Picence : Et
meſmes quelque temps apres il y entra en triomphe.

LXVI.　　Antoine & Lepidus forcenez, qui (comme nous auons dit cy-
deſſus) s'eſtoient declarez ennemis du Senat, aymans mieux
qu'on iugeaſt de leur paſſion que de leur merite, renouuellerent
les proſcriptions de leurs concitoyens, à l'imitation de Sulla;
quoy que Ceſar y contrariaſt; mais en vain, car ils eſtoient plus
forts que luy. Il n'y eut rien de ſi indigne pour lors que de veoir
Ceſar contraint de proſcrire quelqu'vn, & d'expoſer la vie de
Ciceron à la diſcretion de ſon ennemy M. Antoine, ſans qu'aucun ouuriſt la bouche pour deffendre celuy, qui durant tant
d'annees par ſa parole auoit preſerué le ſalut de la ville, & des citoyens en particulier. Tu n'as rien faict neantmoins M. Antoine
(car la colere qui me ſurmonte, me contraint de ſortir hors des
bornes propoſees de mon œuure :) tu n'as rien aduancé, dis-je,
d'auoir faict trancher ce chef honorable, recompenſant ainſi
l'vtilité qu'auoit apportee ceſte langue diſerte, par la mort d'vn
ſi grand Conſul & deffenſeur de la Republique. Tu as oſté la vie
ennuyeuſe à Ciceron en ſa vieilleſſe; tu luy as oſté la vie qu'il priſoit moins durant ta Principauté, que la mort ſous ton Trium-
virat; & ta felonnie a pluſtoſt augmenté qu'amoindry le luſtre
& la renommee de ſes actions. Il vit & viura touſiours en l'eter-
nité des ſiecles, & tant que le monde ſera, & les cauſes naturelles
ſubſiſteront, (leſquelles luy ſeul preſque entre les Romains a co-
gneuës, compriſes en ſon eſprit, & eſclaircies par ſon eloquence,)
on aura touſiours en memoire la gloire de Ciceron: Toute la poſterité, ô Antoine, s'eſmerueillera de ce qu'il a eſcrit contre toy,
deteſtera ton forfaict, & la race des hommes prendra fin pluſtoſt
que le ſouuenir en ſoit aboly.

LXVII.　　Mais comme eſt il poſſible de pouuoir deſcrire ce miſerable
temps-là, auquel les pleurs de tant de citoyens n'ont iamais peu
dignemét ſuffire? Il faut toutesfois remarquer que la fidelité des
femmes à l'endroit des proſcripts fut fort grande; celle des affranchis mediocre, des ſeruiteurs bien petite, & des enfans nul-
le. Et affin qu'il ne demeuraſt rien de ſainct ne d'inuiolable qui
ne fuſt pollué par leurs cruautez, & que tout droict de gens fuſt
violé, Antoine proſcriuit L. Ceſar ſon oncle, & Lepidus ſon frere

re Paulus; Plancus mefme ne manqua pas d'obtenir, que fon frere Plancus Plotius en fuft du nombre. A caufe dequoy entre les gaufferies & brocards de guerre, ceux qui auoient fuiuy le char de Lepidus & de Plancus vfurpoient ces vers en detefta-tion des citoyens,

*Ces deux Confuls triomphent des Germains,*
*Non des Gaulois, fur tous peuples humains.*

Rapportons à fon lieu ce que nous auons obmis à dire cy-def-fus. Tandis que Cefar combattoit pour l'Empire en l'armee de Pharfale & d'Afrique, M. Cœlius, perfonnage plus accomply en eloquence & en fçauoir, que Curion; mais non pas gueres moins fubtil en mefchanceté, ne fe pouuant honneftement entretenir (car fes affaires domeftiques eftoient en plus mauuais eftat que fon efprit) en la dignité de Preteur, fut autheur de nouuelles loix, qu'il fit publier contre la volonté du Senat, & des Confuls: & apres auoir enuoyé querir Annius Milo, fans aucune per-miffion du Senat, contrarioit au party des Cefariens, efmouuoit des feditions dans Rome, & à vne guerre en cachette. Il fut pri-ué premierement de fon Magiftrat, & defpoüillé de fes armes Confulaires, puis desfaict pres de Turies par le commandement du Senat. La fortune de Milon ne differa en rien de celle de Cœ-lius; car en donnant l'affaut à la ville de Compfa au pays des Hir-piniens, il fut frappé à mort d'vn coup de caillou; Voylà côme il fut puny du meurtre de P. Clodius, & de fon ingratitude enuers fa patrie, laquelle il affailloit par armes: c'eftoit vn perfonnage du tout temeraire. Or pendant que ie recherche quelque chofe de ce que nous auons obmis, qu'on remarque la grande liberté de paroles, dont Marullus, Epidius, & Flauius Cæfetius Tribun du peuple, vferent à l'endroit de Cefar, le reprenans de ce qu'il eftoit trop defireux de regner fouuerainement; & toutesfois ils n'auoient iamais experimenté que c'eftoit d'obeyr: dequoy Cefar fe trouuant offenfé entra en telle colere, qu'aymāt mieux les cenfurer auec infamie en les banniffant, que les punir en Di-ctateur, protefta en les condamnant, *qu'il luy eftoit fort infupporta-ble d'apporter de l'excez à fon naturel: mais que s'il faifoit autrement il luy faudroit amoindrir fa dignité.* Reuenons à noftre ordre.

Dolabella en ce temps-là tüa par fraude à Smyrne en Afie C. Trebonius Confulaire, qui auoit mal recogneu les biens-faicts de Cefar en fon endroit, & qui confentit à fa mort, quoy que par fon moyen il euft atteint la dignité de Conful. Et Caius Caffius

LXVIII.

*M. Cœlius Tri-*
*bun.*

*Annius Milo,*
*fa mort.*

LXIX.

*Trebonius tüé*
*par Dolabella.*

h

ayant reçeu des forces de Staius Murcus, & Crispus Marius, Preteurs, auec les fortes Legions qu'il auoit en Syrie où il estoit arriué, poursuiuit tellement Dolabella, qu'il se rendit maistre de
Laodicee. Dolabella pour euiter de tomber sous son pouuoir
ayma mieux que son seruiteur luy coupast la teste. Par ceste mort
l'armee de Cassius fut augmentee de dix Legions. Et M. Brutus



auoit osté par force les Legions à L. Antoine, frere de M. Antoine en Macedoine, & à Vatinius pres de Dyrrachium. Quant à
Antoine il auoit esté par luy prouoqué à la guerre mais il auoit
rendu du tout mesprisable Vatinius: Aussi il sembloit que Brutus deuoit estre preferé aux plus valeureux Capitaines, & que
Vatinius n'auoit point du tout de reputation; en quoy la laideur
du corps s'accordoit auec la difformité de l'esprit: tellemēt que
l'ame estoit close dans vn domicile digne de luy: & toutesfois



il auoit sept Legions sous sa charge. Par la loy dite Pedia du nom
de Pedius Cōsul collegue de Cesar, de laquelle il estoit autheur,
l'vsage de l'eau & du feu estoit interdit à tous ceux qui auoient
tüé le pere de Cesar. En ce temps-là Capito mon oncle, de l'ordre des Senateurs, se rengea auec Agrippa pour faire la guerre
contre C. Cassius.



    Tandis que ces choses se passoient en Italie, Cassius prit Rho-
des. Brutus vainquit les Lyciens : puis les armees passerent en
Macedoine. Cassius lors contrariant en tout à son naturel tas-
choit à surmonter la clemence de Brutus. A peine treuueras-tu
aucun plustost abandonné de la bonne fortune que Brutus &



Cassius. Cesar & Antoine passerent la mer, & menerent leurs
armees en Macedoine, où en vne bataille qu'ils eurēt pres la ville
de Philippes contre M. Brutus & Cassius; Brutus de son costé ne
repoussa pas seulement l'ennemy, mais gaigna le camp de Cesar
(lequel bien que malade ne laissoit pas pourtant de s'acquitter
du deuoir d'vn Capitaine, contre le conseil de son Medecin Ar-
torius qui l'aduertit la veille de la bataille de ne demeurer pas au
camp.) Mais de l'autre costé où estoit Cassius, tout fut mis à vau-
de-route. S'estant retiré en vn lieu esleué, il enuoya querir des
nouuelles de Brutus, lequel s'en reuenoit le rencontrer victorieux; mais pensant que ce fussent les ennemis, celuy qu'il auoit
enuoyé pour les recognoistre estāt tardif de luy rapporter l'heureux succez de Brutus, fut cause que Cassius proche de ceux
de son party qui accouroient à luy, pensant que ce fussent les ennemis, s'affubla la teste de son manteau, & sans aucune frayeur

tendit le col à son affranchy. Sa teste estoit à bas desià, lors que *Mort de Cassius,*
celuy qu'il auoit enuoyé querir des nouuelles, retourna de de-
uers Brutus, mais voyant son Capitaine mort, *Ie te suiuray,* dit-il,
*ô Cassius, puis que ma tardifueté a causé ta mort:* & sur ces paroles il se
ietta sur la pointe de son espee. Peu de iours apres Brutus eut vne *& de Brutus.*
autre bataille auec les Cesariens, en laquelle il fut vaincu: s'estãt
retiré de nuict en vn lieu sous-terrain, ayant touché dans la main
d'vn sien amy nommé Strato Ægeas, il mit son bras gauche sur
son chef, & tenant la pointe de son espee de la main droite, il la
posa pres la mammelle gauche, au mesme lieu où est le cœur, &
se laissant tomber dessus, se tüa.

En mesme instant Messala braue ieune homme, qui estoit  <br>*LXXI.*
grand amy de Brutus, & des premiers de son armee, lequel n'a-  <br>*Messala Corni-*
uoit gueres moins d'authorité que Cassius, recherché de quel-  <br>*nus.*
ques-vns pour estre leur Chef, aima mieux se reconcilier auec
Cesar, que de tenter encor l'incertaine esperance des armes.
Cesar n'eust rien si agreable en toutes ses victoires que la conser-
uation de Coruinus, lequel luy fut aussi depuis fort fidelle. Il
n'y a iamais eu guerre plus dommageable & funeste, que ceste-
cy, en laquelle moururent ces deux grands personnages, le fils
de Caton, Lucullus & Hortensius, qui auoient pour peres les
plus renommez citoyens de Rome. Quant à Varro deuant que
seruir de risee à Antoine, il deuina par vn presage vray & digne de
luy quelle seroit sa mort. Drusus Liuius pere de Iulia Auguste,
& Varus Quintilius, ne voulurent esprouuer la clemence de
leurs ennemis. Cestuy-là se tüa dans sa tente: & Varus contraignit son affranchy de luy donner le coup de la mort.

La fortune voulut que telle fut la fin de M. Brutus, aagé de  <br>*LXXII.*
trente-sept ans, la temerité duquel ayant aueuglé son esprit au  <br>*Qualitez de*
seul meurtre de Cesar, effaça toutes ses autres vertus. Or Cassius  <br>*Cassius &*
fut d'autant meilleur Capitaine, que Brutus le surmontoit en  <br>*Brutus.*
courage. De ces deux-cy ô Vinicius, tu aimerois mieux auoir
Brutus pour amy; & aurois plus de peur de Cassius s'il estoit ton
ennemy. L'vn auoit plus de force, l'autre plus de vertu, Que s'ils
eussent vaincu, d'autant plus qu'il a importé à la Republique, de
viure plustost sous la Principauté de Cesar que d'Antoine; d'autant eust-il esté plus requis d'auoir pour Prince Brutus, que
Cassius. Cn. Domitius, pere de L. Domitius, que nous vismes *Cn. Domitius.*
dernierement, Gentil-homme de bien & d'honneur, ayeul de ce
Cn. Domitius noble adolescent, s'estant saisi de quelques naui-

res, se mit en fuitte à la mercy de la mer & de la fortune, auec
plusieurs qui le recogneurent comme Chef du party. Staius
Murcus, qui auoit esté le Lieutenant de l'armee nauale, s'en alla
trouuer auec vne partie des nauires qu'il auoit Sex. Pompee, fils
de Cn. le grand, qui à son retour d'Espagne s'estoit saisi de la Sicile; & auquel les proscripts de quelque pays qu'ils fussent s'alloient rendre : ce que firent aussi les restes de l'armee de Brutus,
car tous n'ayans point de retraicte asseuree, ils se rengerent vers
le premier Chef de party qui se presenta. Ainsi la fortune leur en
donna vn auec vn lieu de refuge, & non pas l'eslection.

LXXIII. Sex. Pompee estoit ieune homme, ignorant aux lettres, rude
en son parler, valeureux en force, haut à la main, prompt en ses
desseins, dissemblable à son pere en fidelité, franc enuers ses affranchis, serf de ses seruiteurs, & enuioit les Braues pour paroistre plus humble: Apres qu'Antoine eust esté desfaict à Modene,
le Senat, qui suiuoit encor le party de Pompee, donna les Prouinces d'outre-mer à Cassius & à Brutus; & rappella d'Espagne
ce Sex. Pompee (où Pollio Asinius Pretorien auoit fait la guerre
contre luy,) le remit en possession aux biens paternels, & le fit
Lieutenant d'vne frontiere de mer. Cestui-cy s'estât rendu maistre de la Sicile ( comme nous auons desià dit ) auoit leué plusieurs Legions, receuant en son armee toutes sortes de gens proscripts, seruiteurs, & esclaues, & mesme par l'ayde de Menas &
Menecrates affranchis de son pere, Lieutenans de son armee
nauale, il faisoit des courses, & pilloit tout sur mer, affin de se
pouuoir deffendre & entretenir son armee ; n'ayant point de
honte de faire les actes d'vn pirate, courir & piller sur la mer que
son pere auoit deliuree des pirates par armes, & par sa sage conduitte.

LXXIIII. Brutus & Cassius morts, Anthoine s'arresta és prouinces d'outremer; Cesar se retira en Italie, où il trouua plus de troubles
qu'il n'esperoit. Car L. Antoine Consul, compagnon des vices de
son frere M. Antoine, mais qui ne luy estoit pas esgal aux vertus
qui reluisoient quelquesfois en luy, auoit leué vne grâde armee
en Italie, accusant maintenant à faux Cesar enuers les vieux soldats, tantost esmouuant à prendre les armes ceux qui en la diuision des champs & nombrement des Colonies auoient perdu
leurs possessions. D'autre costé Fuluia femme d'Antoine, qui
sous le nom de femme portoit vn courage masle, & n'auoit rien
de feminin que le corps, mettoit tout en trouble. Elle assembla

Staius Murcus.

Sex. Pompee
s'empare de la
Sicile.

L. Antonius
trouble l'Italie,

auec Fuluia
femme d'An-
toine.

vne armee,&prit Preneste.L.Antoine pourſuiuy de toutes parts
par les forces de Ceſar., ſe retira dans Peruſe : & Plancus qui e-
ſtoit du party Antonian luy donna plus d'eſperance que de ſecours : car Ceſar s'aydant de ſa vertu & de ſa fortune prit Peruſe
d'aſſaut, donna la vie à L. Antoine,& le laiſſa aller. Si les Peru-
ſiens furent mal traictez il s'en faut prendre aux ſoldats, & non à
la volonté du Capitaine. La ville fut bruſlee, & vn certain Macedonicus ſeigneur de ceſte place y mit le feu le premier , puis ſe
trauerſa de ſon eſpee & ſe precipita dans les flammes , apres y a-
uoir ietté ſes biens & ſes Dieux tutelaires.

Peruſe raſee par Ceſar.

   En meſme temps y auoit vn grand trouble en la Campagne
par les menees de Tib. Claude Neron, Pretorien & Pontife,
pere de Tib. Ceſar , il eſtoit homme fort courageux & docte, &
tenu pour defenſeur de ceux qui auoient perdu leurs poſſeſſions
en la diuiſion des champs : mais ce trouble fut appaiſé à l'arriuee
de C. Ceſar en Italie. Qui ne s'eſtonnera des changements de
fortune , & des euenements incertains des affaires du monde?
Liuia fille de Druſus Claudianus ( noble & valeureux perſonnage)la plus apparente de Rome en race,bonté & beauté, Flamine
Diale, & fille du Pontife,fuioit pour lors les armees de Ceſar ſon
futur eſpoux, tenant entre ſes bras vn ſien enfant de l'aage de
deux ans, qui deuoit eſtre fils du meſme Ceſar: Apres s'eſtre ſau-
uee de ce danger par des chemins deſerts & ſolitaires,accompa-
gnee d'vn ſeul,affin d'eſchapper plus ſecrettement,ſe rendit aux
bords de la mer,& fit voile en Sicile auec ſon mary Neron.

LXXV.<br>Fuite de Tybere<br>Nero,

& de Liuia.

   Ie ne fruſtreray pas mon ayeul de ce teſmoignage que ie ren-
drois bien à vn eſtranger : Car C. Velleius que Pompee auoit
honoré en le faiſant l'vn des ceclx. Iuges, fut depuis Prefect des
machines de guerre ( ou Maiſtre des œuures ) de Marcus Brutus
& de Tiro; c'eſtoit vn homme qni n'auoit point ſon pareil entre
les Campanois : ne pouuant accompagner Neron à ſon depart
de Naples(le party duquel il auoit ſecouru , pour la grande amitié qu'il luy portoit) à cauſe de ſa vieilleſſe & indiſpoſition,ſe tüa
ſoy-meſme. Ceſar permit à Fuluia de ſortir de l'Italie ſans luy
faire aucun tort. Il permit le meſme à Plancus qui ſe rendit cō-
pagnon en la fuitte d'vne femme.Pollio Aſinius ayant tenu long
temps ſept Legions à Veniſe pour Antoine, & faict pluſieurs
belles executions aupres d'Altin,& autres villes de ceſte côtree,
appellé par Antoine retourné d'Aſie pour ſe ioindre à luy (Domitius n'ayāt encore point de demeure arreſtee, depuis qu'il s'e-

LXXVI.<br>C. Velleius ſe<br>tuë.

Aſinius Pollio ſe<br>ioinct à Antoine.

h iij

stoit sauué du camp de Brutus apres sa mort, comme nous auons
desià dit ) fut tellement attiré & alleché par pomesses & par ser-
ments qu'il alla se ioindre à Anthoine, lequel le fit chef de sa
propre armee qu'il luy amena. Qui voudra iuger à l'equité de ce
fait trouuera que Pollio n'attribua pas moins à Antoine, qu'Antoine à Pollio. L'arriuee d'Antoine en Italie, & les apprests de
Cesar contre luy, esmeut vne guerre : mais la paix fut incontinent faite pres de Brunduse. En mesme temps on descouurit les
meschans conseils de Rufus Saluidienus, qui sorty de fort bas
lieu, & fauorit de Cn. Pompee, ne se contentoit pas d'auoir esté
par Cesar mis de l'ordre des Cheualiers, & depuis faict Consul,
mais vouloit encor monter plus haut, & soubsmettre Cesar & la
Republique à sa volonté. Alors par requeste de tout le peuple
Romain qui estoit affligé d'vne grande famine la mer estant fort
contraire pour amener des viures, la paix fut encore accordee
auec Sex. Pompee, pres de Misene, où ayant inuité Cesar & Antoine dans vne nef, ne dit pas mal à propos qu'il leur donnoit à
soupper aux carenes, rapportant ceste parolle de carenes, au nom
de la maison de son pere, dont Antoine s'estoit emparee durant
les guerres ciuiles. En cest accord de paix on fut d'auis de donner
à Pompee la Sicile & l'Achaye, en quoy toutesfois ( diras-tu ) son
esprit ne se pùt maintenir. Il procura ce seul bien à sa patrie,
qu'à son arriuee les Proscripts furent rappellez, & tous ceux qui
pour diuerses occasions auoient eu recours à luy rentrerent dans
leurs biens : ce qui remit en estat à la Republique plusieurs grâds
personnages, & entr'autres ceux-cy, Nero Claudius, M. Silanus, Sentius Saturninus, Aruntius, & Titius : car quant à Staius
Murcus, qui par son arriuee auec son armee nauale accreut de
la moitié les forces de Pompee, accusé à faux, il auoit esté tué en
Sicile par Pompee mesme, à la suscitation de Menas & Menecrates qui auoient desprisé vn tel homme pour compagnon
d'Office.

En ce temps Marc Antoine espousa Octauia sœur de Cesar. Pompee retourna en Sicile, & Antoine aux Prouinces d'outre-mer, que Labienus auoit troublees. Apres la
mort de Brutus il s'estoit retiré vers les Parthes, d'où il amena
vne armee en Syrie, & tüa le Lieutenant qu'Antoine y auoit laissé; mais depuis par la vertu & conduitte de Ventidius il fut desfait auec les Parthes conduits par Pacorus, fils du Roy de Parthe,
ieune encore, mais qui n'auoit point son semblable. Cependant

Cefar, de peur que l'oifiueté ennemie de la difcipline militaire ne gaftaft le foldat, entretenoit fon armee en plufieurs exploicts de guerre en Illyrie & Dalmatie. En mefme temps Caluinus *Domitius Cal-* Domitius ayant obtenu le gouuernement d'Efpagne au fortir de *uinus.* fon Confulat, fut autheur de ceft acte valeureux & digne d'eftre comparé aux exemples anciens; car il frappa d'vn bafton Vibil-lius Centenier du Capitaine de la premiere compagnie, parce qu'il s'eftoit mis en fuitte.

La renommee de Sex. Pompee & fon armee de mer s'augmen- *LXXIX.* tant tous les iours, Cefar fe refolut de luy faire la guerre: Il com- *Autre guerre* mit M. Agrippa pour donner ordre de baftir des nauires, leuer *entre Sex. Pom-* des foldats & mariniers, & pour les dreffer à combattre deffus la *pee & Auguste.* mer : il eftoit homme noble en vertu, inuincible aux trauaux & *M. Agrippa.* dahgers ; qui fçauoit obeïr ( mais à vn feul;) conuoiteux de com-mander aux autres, prompt en toutes fes actions, & qui ioignit les effects aux confeils. Ceftui-cy fit exerciter les foldats & ma-riniers en toutes fortes de combats nauals fur les lacs d'Auerne & Lucrin. Auec cefte armee, Cefar (apres auoir du confente- *Octauius efpouse* ment de Neron efpoufé Liuia, qui eftoit auparauant femme du *Liuia.* mefme Neron) fit voile pour faire la guerre à Sex. Pompee & à la Sicile : mais en mefme temps la fortune affligea fort ce per-fonnage, que la force des hommes ne pouuoit aucunement vaincre : car vn vent d'Afrique s'eftant leué, la plus grand part de fes vaiffeaux fe briferent pres de Velia & du promontoire de Palinure. Ceft accident retarda pour quelque temps la guerre, laquelle fe continua depuis auec vne incertaine & quelquesfois dangereufe fortune; car Agrippa combattit auec heureux fuc-cez la premiere bataille nauale pres de Myle: & Cefar pres de Tauromene ayant reçeu vne grande perte, penfa tomber en vn grand danger. Les Legions qui eftoient auec Cornificius Lieu-tenant de Cefar auoient pris terre, mais elles furent prefque desfaictes par Pompee : neantmoins le temps fe changeant les nauires des deux partis ayans pris le large, Pompee s'enfuit en *Fuitte de Sex.* Afie, apres auoir perdu la plus-part de fes vaiffeaux, là où tandis *Pompee,* qu'il fe courrouçoit comme Capitaine, & fupplioit par prieres Antoine, tantoft fe maintenant en fa dignité, tantoft luy de- *& fa mort.* mandant la vie; Titius enuoyé par Antoine le tüa. Ce meurtre fut odieux à tout le monde, & l'autheur d'iceluy en fut long temps hay : mefmes en vne reprefentation de jeux qu'il donnoit au theatre de Pompee le peuple l'en chaffa auec maledictions execrables.

Cesar en la guerre contre Pompee auoit fait venir d'Afrique
Lepidus, auec douze Legions à demy complettes : C'estoit vn
personnage sur tous autres remply de vanité, & qui n'estant qua-
lifié d'aucune vertu ne meritoit pas que la fortune luy fust si lõg
temps fauorable : il estoit deuenu fier de se veoir commander à
plus de vingt Legions, & en estoit là venu, que (compagnon inu-
tile aux victoires d'autruy) discordant tousiours à la volonté de
Cesar, il s'attribuoit comme sienne la victoire qu'il auoit si lon-
guement retardee par ses intelligences & practiques auec Pompee ; & osoit bien menacer Cesar qu'il eust à sortir de la Sicile,
laquelle il disoit auoir conquestee. Iamais les Scipions, & autres
anciens Capitaines Romains n'entreprindrent ou monstrerent
vn acte plus valeureux que fit pour lors Cesar, car affublé de son
manteau, & n'ayant pour toutes armes que la grandeur du nõm



Romain, il entra au camp de Lepidus, & osa bien emporter l'aigle d'vne Legion, non sans danger, car ce meschant Lepidus fit
tirer sur luy vne infinité de coups de flesches, & son manteau
mesmes fut percé d'vn coup de lance. Veux-tu sçauoir l'auantage que ces deux Capitaines eurent l'vn sur l'autre ; c'est que l'vn
se trouua armé, l'autre sans armes ; car en la dixiesme annee que
Lepidus estoit paruenu à vne puissance dissemblable à sa vie, a-
bandonné de ses soldats & de la fortune, vestu de noir, & se ca-



chant parmy la derniere foule de ceux qui couroient à Cesar, il
se ietta à ses pieds. La vie luy fut donnee, & la iouyssance de ses
biens : mais Cesar le deplaça de ceste dignité qu'il ne pouuoit
maintenir ny defendre.



    Tout aussi-tost l'armee se mutina. La plus-part du temps les se-
ditions qui se font contre la discipline prouiennent lors que l'armee est grande, & quand les soldats dedaignent de demander
par prieres ce qu'ils estiment de pouuoir obtenir par contrainte,
prenãs tousiours pour excuse les rigueurs & les escharses liberalitez du Prince. Alors on pourueut aux necessitez de la Colonie
de Champagne ; Ses reuenus furent augmentez, & leur fut ordonné douze fois H-s en l'Isle de Crete, outre les bains qui seruent à la santé du corps, & à l'embellissement du lieu. Agrippa



s'acquist par le merite de sa vertu la couronne nauale, laquelle
n'auoit encore esté donnee à aucun des Romains. Cesar retourné vaincueur à Rome achepta beaucoup de maisons par l'entre-
mise de ses Procureurs qu'il auoit commis à ce faire, lesquelles il
destina pour l'vsage du public, promettant bastir vn temple à
Apollon

'Apollon,&d'y faire des galeries autour:dequoy il s'acquita auec
grande liberalité.

Ceft Efté-là Cefar combattit heureufement la fortune contre Lepidus en la Sicile; & la fortune batailla pour luy & pour la
Republique en Orient: Car Antoine forty hors d'Armenie &
de Mede auec treize Legions,allant attaquer les Parthes iufques en leur pays, rencontra leur Roy, & perdit premierement
deux Legions, auec Statius fon Lieutenant, & tout le bagage,
outre les machines de guerre,au grand dommage de toute l'armee; il encourut fouuent des dangers, defquels il ne penfoit iamais refchapper. Apres auoir faict perte de la quatriefme partie
de fes foldats,il fe fauua par le confeil & fidelité d'vn captif,mais
toutesfois qui eftoit Romain. Ceftui-cy pris dés la desfaicte de
l'armee de Craffus, ayant changé de fortune, non pas de courage, s'approcha la nuict du guet des Romains, & les aduertit de
s'en aller par lieux efcartez & montagneux, & qu'ils gardaffent
bien de s'en retourner par le chemin qu'ils s'eftoient propofez
de tenir. M. Antoine ayant fuiuy ceft aduis, il luy fut proffitable, & à ce qui reftoit de fes Legions,bien qu'il perdit la quatriefme partie des foldats, goujats, & bagage de guerre;Antoine
nommoit cefte fienne fuitte vne victoire, parce qu'il s'en eftoit
retiré fain & fauue. Le troifiefme Efté il retourna en Armenie,
où il print par tromperie Artauafdes Roy de ce pays ; & le fit lier
de cheines d'or. Ses amours lubriques enuers Cleopatra s'aug-
mentoient de iour à autre, auec les vices qui n'ont autre nourriture que les richeffes, la liberté,& la flaterie. Il fe delibera de faire la guerre à fa patrie : & fe fit qualifier du nom & tiltre du bon
pere Liber, portant en fa tefte vne couronne d'or, vn thyrfe en
main,& les brodequins retrouffez:& ainfi monté fur vn char enuironné de lierre; il reprefentoit le Dieu Bacchus dans Alexandrie.

Durant qu'il s'appreftoit de faire la guerre à fa patrie, Plancus
non pour l'amour de la Republique; ou de Cefar (car c'eftoit ce
qu'il hayffoit le plus) mais apres s'eftre apperçeu qu'Antoine luy
faifoit fort maigre mine en vn banquet , à caufe des indices de
fes trop grands larcins, il quitta fon party & vint trouuer Cefar : ç'auoit efté le plus humble flatteur de la Royne Cleopatra
l'efclaue de fes feruiteurs, l'efcriuain des liures d'Antoine, l'autheur de grandes faletez, lequel faifoit tout pour argent,bou-
fonnoit & fautoit par deffus Glaucus eftant nud peint de bleu

i

celeste, le chef entouré d'vn rouseau, trainant vne queüe, & appuyé sur ses genoux. S'estant, dis-je, venu rendre, il disoit, que sa vertu estoit la seule cause que Cesar auoit vsé de clemence enuers luy. Titius imita tantost cestui-cy tantost son oncle. Coponius Pretorien homme fort graue, & beau-pere de Silius, ne repliqua pas mal à propos à ce Plancus, lors qu'il parloit des enormes faicts d'Antoine: *Antoine luy*, dit-il, *fit à la verité beaucoup, le iour de denant que tu le quittasses.*

LXXXIIII.
*Bataille d'Actiũ entre Octauius Cesar, & Antoine.*

Durant le Consulat de Cesar & Messala Coruinus, se donna la bataille d'Actium, où le party des Cesariens fut asseuré de la victoire long-temps auant que de combattre. Le soldat & le Chef estoient forts de ce costé: & de l'autre tout y seruoit d'empeschement. Icy des Roys tres-riches; là fort disetteux: En celuy-cy estoit vn grand nombre de nauires assez prompts; & en celuy-là ils estoient forts en apparence. D'icy personne n'accouroit à Antoine; de là tous les iours quelques-vns se venoient rendre à Cesar. Bref en face de toute l'armee les Cesariens assiegerent Lucas [ ou Suessula ] qui fut gaignee d'assaut par M. Agrippa, ils prirent Patras, & se saisirent de Corinthe, mesmes l'armee nauale Antonienne fut rechassee par deux fois auant la derniere bataille.

*Amyntas Roy,*

*& Cn. Domitius quittent Antoine.*

Le Roy Amyntas ( des deportemens & naturel duquel Dolabella auoit auparauant escrit à Cesar) suiuant le meilleur & le plus proffitable party, ensemble C. Domitius Seigneur Romain, (celuy qui seul du party d'Antoine n'auoit iamais voulu saluër la Roine Cleopatra que de son propre nom,) passa vers Cesar, non sans encourir vn grand danger de sa personne.

LXXXV.

*Ordre de la bataille.*

En fin ce iour perilleux & d'importance arriua auquel Cesar & Antoine, ayans mis en auant leurs nauires combattirent, l'vn pour le bien, l autre pour la ruine de tout le monde. L'aisle droite des nauires des Cesariens fut donnee à la conduite de Larius; la gauche à Aruntius; Agrippa fut faict general de toute l'armee nauale. Quant à Cesar, il assistoit par tout où il iugeoit qu'on eust besoin de luy. Publicola & Sosius eurent la conduite de l'armee d'Antoine. Des armees de terre, Taurus estoit le Capitaine de celle de Cesar, & Canidius de celle d'Antoine. Aussi tost qu'on commença à combattre, la confusion fut telle: Cesar, ses mariniers, & ses soldats combattirent ensemblement & les soldats d'Antoine combattirent seuls sans leur Chef; car Cleopatra s'enfuit la premiere; Antoine aima mieux estre com-

pagnon de la fuitte de ſa Royne, que de ſes ſoldats combattans; 
& luy qui comme Capitaine deuoit faire chaſtier les fuyards, a- 
bandonna luy-meſme ſon armee. L'ardeur des Antoniens à vail- 
lamment combattre (meſme leur Chef eſtant fuy) les accompagna long-tẽps, iuſqu'à ce que la victoire leur eſtant hors d'eſpoir,
ils batailloient opiniaſtrément iuſqu'à la mort. Ceſar ſouhait-
tant d'attirer à ſoy par douces paroles ceux qu'il pouuoit occire
auec ſon eſpee, leur demandoit en criant pour qui, & auec qui
ils combattoient, monſtrant qu'Antoine s'en eſtoit deſià fuy: Ce
qu'eux voyant, & qu'ils auoient deſià aſſez long-temps ſouſtenu
le combat contre leur ennemy, pour vn Capitaine abſent, cede-
rent à la victoire, & ayans poſé les armes à leur grand regret, Ceſar leur pardonna, & leur donna la vie, auant meſmes qu'on les
euſt perſuadez de la demander. L'effect teſmoigna aſſez que le
ſoldat s'acquitta du deuoir d'vn valeureux Capitaine; & le Capitaine fit vn traict de laſche ſoldat qui tourne le dos à l'ennemy;
tellement qu'on peut douter à bon droit, s'il fuſt demeuré victorieux, s'il euſt vſé de la victoire à ſa volonté, ou ſuiuant celle de
Cleopatre, à l'appetit de laquelle il prit la fuitte.

L'armee de terre cõduite par Canidius s'enfuit auſſi vers Antoi- 
ne, & à ſon imitatiõ. Qui eſt celuy, qui en l'abregé de cét ouura-
ge pourra deſcrire l'obligation qu'eut tout le mõde à ceſte iournee, & en quel eſtat s'eſleua la bonne fortune du public par ſon
moyen? Quãt à la clemence elle fut du tout grãde en ceſte victoire: car ce peu de guerriers qui furent occis, c'eſtoient ceux qui ne
voulurẽt pas qu'on demãdaſt la vie pour eux. On peut cognoiſtre 
par la douceur d'vn ſi grãd Capitaine, de quel triõphe il euſt hõ-
noré ſes victoires au cõmencement de ſon Trium-virat, ou en la
guerre Philippique, s'il euſt eſté ſeul Chef de party, ** la foy duquel eſtoit en grand'eſtime parmy la fidelité des anciens, Ceſar
ayant long-temps debattu auec ſa clemence, luy pardonna ſans
luy faire aucun tort. Il ne faut pas oublier l'acte ny les paroles
memorables d'Aſinius Pollio; car s'eſtant arreſté en Italie apres 
la paix de Brunduſe, (n'ayant point veu Cleopatre, ny Antoine
enerué de ſon amour,) interrogé par Ceſar s'il ne le vouloit pas
ſuiure à la guerre, luy reſpondit en ces termes, *Mes merites enuers*
*Antoine ſont grands, & ſes biens-faicts en mon endroict ſont plus cogneus:*
*parquoy ie me ſepareray de vous, & ſeray la proye du vaincueur.*

L'annee ſuiuante Ceſar mit fin aux guerres ciuiles, apres auoir 
pourſuiuy Cleopatre & Antoine en Alexandrie. Antoine ne fut

*Mort d'Antoine,* point lafche ny poltron à s'occire foy-mefme, tellement que par fa mort il effaça plufieurs traicts de lafcheté qu'il auoit faicts.

*& de Cleopatre.* Mais Cleopatre (fes gardes deçeuës) fe fit apporter vn afpic, de la morfure duquel elle mourut, brauãt la peur couftumiere à fon fexe. Ce fut vn acte digne de la fortune & de la clemence de Cefar, qu'il ne tüaft, ou fit tuër aucun de ceux qui auoient porté les armes contre luy. La cruauté d'Antoine fut telle qu'il oceift D. Brutus, & Sex. Pompee fon prifonnier de guerre, quoy qu'il luy euft faict ferment de le maintenir en fa dignité. Brutus & Caffius auãt qu'efprouuer la volonté du vaincueur, volontairement fe firent mourir. Nous auons defià dit quelle fut la fin d'Antoine & de Cleopatre. Canidius deceda auec plus de peur

*Caffius Parmen-fis.* qu'il n'eftoit feant au grade d'honneur où il s'eftoit toufiours comporté. Quant à Caffius Parmenfis le dernier des meurtriers de Cefar, il eut la mort pour punition, comme auffi Trebonius.

**LXXXVIII.** Tandis que Cefar mettoit fin à la guerre d'Actium & d'Alexandrie, M. Lepidus ieune homme, la beauté duquel dementoit

*M. Lepidus le ieune: fa confpiration,* fon mauuais vouloir, fils du Trium-vir Lepidus, & de Iunia fœur de Brutus, s'eftoit refolu de tuër Cefar fi toft qu'il feroit de re-

*eft puny par C. Mecenas.* tour à Rome. Alors C. Mecenas Capitaine des gardes de la ville, Cheualier & Gentil-homme de bon lieu, qui ne dormoit iamais quãd il eftoit queftiõ de veiller, preuoyãt, & braue à l'execution; mais plus doüillet qu'vne femme, quand il auoit tant foit peu de relafche en fes affaires; que Cefar ne refpectoit pas tant, mais ne cheriffoit gueres moins qu'Agrippa, car il vefcut prefque content de porter la robbe de Sanateur. Il pouuoit eftre efleué à vn degré plus haut, mais il ne fouhaitta pas dauantage. Ceftui-cy guetta tellemét, fans en faire aucun femblant, les deffeins de ce temeraire ieune homme Lepidus, & les defcouurit d'vne diligence fi admirable, que fans qu'il en aduint aucun trouble, il efteignit les dangereux commécements d'vne guerre ciuile par la iufte punition de l'autheur de fes mal-heureux deffeins. Com-

*Acte viril de Seruilia.* parons maintenant Seruilia femme de ce Lepidus à Calpurnie efpoufe d'Antiftius, laquelle s'eftant iettee dans les flammcs acquit par fa mort deuancee vne memoire immortelle à fon nom.

**LXXXIX.** Tant s'en faut que nous puiffions dignement exprimer en ceft abregé, auec quelle refiouyffance & faueur Cefar retourné en Italie fut reçeu à Rome de ceux de tous aages & eftats; combien grande fut la magnificence des triomphes & des prefens, à la defcription defquels vn volume entier ne fçauroit fuffire. Les hommes ne peuuent rien demander aux Dieux, les Dieux ne peuuent rien donner aux hommes, l'esprit ne peut rien souhaitter, ny le bon-heur parfaire, que Cesar ne fit voir au peuple Romain, & aux yeux de tout le monde, apres son retour en la ville. L'an vingtiesme de son Empire, les guerres ciuiles & estrangeres cesserent; la paix fut rappellee; la fureur des armes assoupie par tout: la force des loix, l'authorité des iugements, & la majesté du Senat restablie: le pouuoir des Preteurs reduit en son premier estat, ausquels de huict qu'ils estoient on n'en adjousta seulement que deux de nouueau: ceste ancienne forme de Republique fut renouuellee; les champs cultiuez, l'honneur rendu aux choses sacrees, & aux hommes la seureté: chacun fut remis en possession & jouyssance de ses biens: les loix corrigees auec proffit, & prononcees sainement; & les Senateurs furent esleus sans rigueur & seuerité. Les principaux Citoyens Romains qui auoient triomphé, & acquis de grands honneurs, furent incitez par les paroles d'Auguste leur Chef souuerain à l'embellissemét de Rome. A peine pût on obtenir de Cesar qu'il fust Consul pour l'vnziesme fois; encore s'esforça il souuent d'y contrarier, mesme il refusa la Dictature que le peuple luy deferoit, auec vne constance admirable. Ce seroit vne œuure trop grande pour la vie d'vn Historien que de mettre par escrit les guerres faictes sous cest Empereur, tant dehors que dedans l'Italie. Nous pour effectuer nostre promesse: auons faict voir aux yeux & esprits d'vn chacun le pourtraict entier de sa Principauté.

Les guerres ciuiles enseuelies, comme nous auons desià dit, & les membres de la Republique se venans à rejoindre, qu'vne si longue suitte de guerres auoit des-vnis, la Dalmatie qui durant deux cents vingt ans s'estoit tousiours rebellee, se rejoignit à l'Empire Romain. Les Alpes renommees, pour tant de farouches nations, furent domptees: Et les Espagnes pacifiees apres plusieurs & diuerses guerres; tantost par la presence d'Auguste, tantost par celle d'Agrippa, lequel pour la grande amitié que luy portoit le Prince, estoit Consul pour la troisiesme fois, & peu apres eut toute la puissance Tribunitiale. La premiere armee Romaine que l'on y enuoya fut durant le Consulat de Scipion & Sempronius Longus, en la premiere annee de la seconde guerre de Carthage, il y a deux cents cinquante ans, sous la conduitte de Cn. Scipion oncle de l'Africain: Durant deux cents ans il s'y est perdu tant de Romains & d'Espagnols, qu'estans les Capi-

taines Romains desfaicts auec leurs armees, l'Empire en a esté
souuent en grand danger. Ce fut és Espagnes que les Scipions
se perdirent, ce fut là où nos ancestres s'exercerent en vne
guerre outrageuse, durant vingt ans, contre Viriatus, lequel en la guerre de Numance affligea tant le peuple Romain.
Ce fut à ces Prouinces, dis-je, que le Senat ne voulut consentir
aux trefues indignes que Q. Pompee & Mancinus leur auoient
accordees; & que les Romains receurẽt la honte que Mancinus
vn de leurs Capitaines se rendit à eux. C'est où moururent tant
de Capitaines Consulaires & Pretoriens : c'est où Sertorius de la
memoire de nos deuanciers, acquit tant de reputation par ses
armes, que durant cinq ans on ne pùt iuger si la force des Romains estoit comparable en la guerre à celle des Espagnols, &
quelle de ces deux nations deuoit rendre obeyssance à l'autre.
Cesar Auguste mit donc, il y a enuiron cinquante ans, paix en
ces Prouinces de si grande estenduë, si peuplees & farouches,
que les guerres & pilleries qui de tout temps les auoient oppres-
sez y cesserent incontinent, sous la charge de C. Antistius, P. Silius, & plusieurs autres.



　　　Tandis qu'on appaisa les troubles de l'Occident, les enseignes
Romaines, qu'Orodes & son fils Phraates auoient prises, apres
la desfaicte de Crassus, & la fuitte d'Antoine, furent renuoyees
de l'Orient, & remises par le Roy des Parthes en la puissance
d'Auguste; tel fut le surnom que Plancus luy donna par arrest, &
du consentement du Senat, & de tout le peuple Romain. Il y en
auoit toutesfois, qui hayssoient ceste heureuse Monarchie: car
L. Murena & Fannius Cepio differens en mœurs (veu que Murena pouuoit estre nommé homme de bien iusques à ceste con-
spiration, auant laquelle Cepio auoit tousiours esté meschant)
ayans entrepris de tuër Auguste, conuaincus par authorité publique, souffrirent à bon droict la mort qu'ils auoiẽt conjuree de



donner de force à leur Prince. Peu de temps apres Rufus Egnatius, qui en toutes ses actions auoit mieux la mine d'vn escrimeur
que non pas d'vn Senateur, ayant brigué la faueur du peuple durant son Edilité, de telle faço qu'on le maintenoit en sa Preture,
s'estant en fin hazardé de demander le Consulat, quoy qu'il eust
la conscience plongee en toutes sortes de vices, & le cerueau en
aussi grand trouble que ses affaires domestiques, delibera de s'ac-
coster d'aussi gens de bien que luy pour assassiner Cesar, afin qu'il
mourust apres le decez de celuy durant la vie duquel il ne pou-

uoit estre en sauueté. Chacū ayme mieux se perdre auec la perte
du public, qu'estre ruyné en particulier: aussi cestuy-cy ne fut
pas plus heureux que les autres en sa conjuration ; & mis en prison, finist ses iours auec ses complices d'vne mort digne de sa
meschante vie.

L'acte que fit C. Sentius Saturninus, Consul, en ce temps-là, *C. Sentius Con-*
est du tout magnanime & digne de memoire. Cesar estoit absent, *ful,*
pour mettre ordre aux affaires d'Asie & de l'Orient, faisant iouïr
tout le monde des biens de la paix par sa seule presence, lors que
Sentius seul fortuitement, & en l'absence de Cesar Consul, ayāt
exercé son Consulat auec grande constance, selon la seuerité
des anciens Consuls, dilayé les tromperies des fermiers, puny
l'auarice, & remis au thresor public l'argent des Communautez, *Sa constance,*
tint place de Consul principal en l'assemblee pour l'eslection des
Magistrats: car il defendit à ceux qui demandoient d'estre Que-
steurs, & qu'il en iugeoit incapables, de se dire tels: mais voyant
qu'ils s'obstinoient à l'encontre de ceste defense, il les menaça
d'vne vengeance de Consul. Le mesme en fit il à Egnatius, qui *Reprime Egna-*
estoit fort supporté du public, & esperoit de joindre sa Preture *tius.*
au Consulat, comme il auoit jà faict à l'Edilité: ce que n'ayant
obtenu, il iura, *que si par la voix du peuple il eust esté creé Consul, il n'y*
*eust pas toutesfois renoncé.* Lequel acte de Sentius i'estime comparable à la gloire des anciens Consuls, si ce n'est que nous loüons na-
turellement & plus volontiers les choses oüyes que les veuës; en-
uions ce qui nous est present, & honorons le passé.

Trois ans presque auant que la meschanceté d'Egnatius vint *XCIII.*
à estre descouuerte au temps de la conjuration de Murena & de *Mort de Marcel-*
Cepio, il y a cinquante ans, M. Marcellus fils d'Octauia sœur *lus l'espoir des*
d'Auguste (que le peuple destinoit desià successeur de Cesar, si *Romains.*
quelque inconuenient luy fust suruenu, bien qu'il estimast que
M. Agrippa y pourroit apporter de l'empeschement) apres s'estre
dignement acquitté de l'office d'Edile, deceda fort ieune encore: il estoit de gaillard esprit, vertueux, & capable de la fortune
pour laquelle il estoit esleué. Apres son decez, Agrippa (qui sous
pretexte d'affaires d'Estat s'en estoit allé en Asie à cause de quelques secrettes inimitiez qu'il auoit auec Marcellus) retourné à
Rome espousa Iulia fille de Cesar, auparauant femme de ce *Agrippa espouse*
Marcellus, ce qui luy fut peu proffitable, & à la Republi- *Iulia.*
que.

Durant ce temps, Tib. Claude Neron (fils de Neron, & de Li- *XCIIII.*

uia fille de Drusus Claudianus, & espouse d'Auguste) nourry &
esleué aux preceptes d'vne discipline celeste, ieune encore, mais
de grande race, beauté & hauteur de corps, bien instruit aux lettres, desquelles son bel esprit estoit fort susceptible, qui tel qu'il
estoit, & qu'on pouuoit esperer, se faisoit recognoistre pour Prince à ceux qui le voyoient. Estant Questeur en l'aage de dix-neuf



ans, il commença à prendre le soing de la Republique, & donna
tel ordre à Ostie & dans Rome à la cherté des viures, du mandement de son beau-pere, que par ses actions il sembloit donner
vn presage de sa grandeur à l'aduenir. Peu de temps apres il fut



enuoyé par Cesar auec vne armee, pour visiter & mettre ordre
aux Prouinces de l'Orient, où ayant rendu des preuues signalées
de sa vertu, il entra en Armenie auec ses Legions, & apres l'auoir
soubmise à la puissance du peuple Romain, en donna le gouuernement à Artauasdes. Le Roy des Parthes effrayé de la renommée d'vn tel personnage, enuoya ses enfans en ostage à Cesar.

### XCV.



Neron estant de retour à Rome Cesar se fia en luy pour executer vne guerre d'importance, & luy donna pour compagnon en
ceste entreprise Drusus Claudius son frere, duquel Liuia estoit
accouchee en la maison mesmes de Cesar. Tous deux my-partis,
ils attaquerent les Rhetes & les Vindeliques, & apres plusieurs
prises de villes & chasteaux, & diuers combats en batailles ran-
gees, desquels ils s'acquitterent heureusement, ils dompterent
des nations, que les lieux mettoiēt en seureté, de difficile accez,
fort peuplees, en nombre, & farouches, auec plus grand danger



que perte de l'armee Romaine. Peu auparauant, la Censure de
Plancus & de Paulus administree en discorde, ne leur tourna à
honneur ny au proffit de la Republique, l'vn n'ayant pas la force
requise à vn Censeur, l'autre de fort peu de force & vigueur.
Paulus n'auoit presque point d'apparence de Censeur : Plancus
craignoit, & ne pouuoit rien reprocher aux ieunes hommes, ou



escouter leurs reproches, dequoy il n'en fust entaché en sa vieil-
lesse. La mort d'Agrippa (qui par plusieurs exploicts valeureux
s'estoit faict Illustre, Neron mesmes ayant espousé sa fille Vipsa-
nia Agrippina : & qui depuis estant gendre d'Auguste auoit eu
de Iulia Caius & Lucius que Cesar auoit adoptez) apparenta de



plus pres encor Neron auec Cesar par vne alliance nouuelle; car
il espousa Iulia sa fille veufue d'Agrippa. Incontinent apres
la guerre sanglante de Pannonie commencee sous le Consulat
d'Agrippa & de M. Vinicius ton ayeul, laquelle menaçoit toute
l'Italie,

l'Italie, fut mife à fin fous la cõduitte de Neron. Nous defcrirons à vn autre lieu, quels font les Pannoniens & Dalmates, la fituation du pays & des fleuues, le nombre & la puiffance de ces nations, & tant de fignalees voctoires que rapporta de cefte guerre Tibere, auquel fut decerné le triomphe d'ouation comme chef de la victoire. Suiuons le fil de noftre hiftoire.

Durant ce temps-là on fit vne grand'perte en l'Allemagne, où *XCVII.* eftoit Lieutenant M. Lollius, homme plus conuoiteux de l'ar- *M. Lollius.* gent que de bien faire, & qui ne pouuoit fi bien defguifer fes vices, qu'il ne paruft toufiours mefchant & vicieux. La charge de la guerre d'Allemagne fut donnee par-apres à Drufus Claudius *Claud. Drufus.* frere de Neron, doüé d'autant de vertus, & fi grandes, que la nature ou induftrie des hommes fçauroit requerir ou comprendre, tellement qu'il eft difficile à iuger fi fon efprit eftoit plus verfé aux affaires de de guerre que d'eftat. Il eftoit fi traitable en fes mœurs, faifoit fi peu d'eftat de foy-mefme, & honnoroit tant fes amis, qu'il fembloit eftre du tout inimitable; car quant à la beau- té du corps, elle approchoit fort à celle de fon frere. Mais eftant *Sa mort.* Conful la rigueur du deftin l'emporta fur le trentiefme de fes *Tibere enuoyé en* ans, apres qu'il euft dompté vne grand'partie de l'Allemagne. *Allemagne.* La conduitte de cefte guerre fut remife à Neron, où il fit fi vaillamment, & auec tant d'heur, qu'ayant paffé vaincueur par tous les cantons de l'Allemagne, fans aucune perte de fon armee (ce qui fut toufiours recommandable à ce Prince) il dompta çefte Prouince de telle façon, qu'il la rendit prefque toute tributaire. Alors il triompha pour la feconde fois, & fut creé Conful derechef.

Tandis que ce que nous auons dit cy-deffus, fe paffe en Pan- *XCVIII.* nonie & en Allemagne, vne fanglante guerre s'efleue en Thra- *Guerre des* ce, tous les peuples de ce pays-là, ayant pris les armes contre les *Thraces.* Romains: mais L. Pifo, que nous auons aujourd'huy pour foi- *L. Pifo.* gneux defenfeur, & affeuree garde du repos publiq, retint leur impetuofité dans l'enclos de fa valeur. Car eftant Lieutenant de Cefar, il combattit trois ans durant, contraignit à la paix ces nations Barbares, en desfit beaucoup, tant en bataille rengee que par efcarmouches; & par ce moyen il remit l'Afie en feureté, & la Macedoine en paix. Il faut que tous ayent telle opinion de ce perfonnage, & publient que fes mœurs eftoient attrempees d'vne viuacité & manfuetude d'efprit; mefme qu'on n'euft peu trouuer aucun qui vfaft mieux d'vn loifir honnefte, s'em-

k

ployast à vn affaire plus facilement,&qui en eust plus de soin que luy sans vanterie & ambition de vaine gloire.



Peu de temps apres Tib. Neron, ayant eu l'honneur de deux Consulats, & autant de triomphes, associé à Auguste en la puissance Tribunitiale, par-ce qu'il le vouloit ainsi, le plus apparent des citoyens, apres vn; le plus grand des Capitaine, le plus fauory de la renommee & de la fortune, la lumiere & le Chef de la Republique, fut esmeu d'vne admirable pieté, voyant que Caius auoit atteint l'aage viril, comme aussi Lucius : de peur que son lustre n'esblouïst les actions de ces ieunes hommes, qui commençoient à se faire paroistre, le subject de son dessein dissimulé, il pria son beau-pere de le congedier, pour donner vn peu de relache à ses trauaux. Nous dirons ailleurs en quel estat fut pour lors la ville, qu'elles les volontez de chacun, quels les regrets de tous les citoyens au depart d'vn si grãd personnage, & de quelle



compagnie la ville l'honora. Si faut-il dire en passant, que durant sept ans de seiour qu'il fit à Rhodes, tous les Lieutenans & Ambassadeurs, qui s'en alloient aux Prouinces d'outre-mer pour les voir ( lesquels ceste Majesté n'esconduisoit iamais ) mettoient bas leurs enseignes & faisseaux de verges, & disoient franchement que son loisir estoit plus honorable que son empire.



Tout le monde recogneut lors assez que Neron estoit sorty hors l'enclos de Rome. Car les Parthes rompans l'alliance qu'ils auoient auec les Romains, enuahirent l'Armenie : & l'Allemagne se rebella contre celuy qui l'auoit domptée, voyant qu'il n'y tenoit plus l'œil dessus. Mais en ceste mesme année en laquelle on dedia le temple de Mars, Auguste estant Consul auec Gallus Caninus, il y a trente ans, tandis que Cesar repaissoit les yeux & les esprits de son peuple par des spectacles magnifiques de gladiateurs & batailles de mer, s'esleua vn orage en sa maison,



dont le discours & la souuenance est abominable; car Iulia sa fille, qui en tout auoit perdu le souuenir de son pere, & l'honneur de sa maison, s'oublia de tant, qu'elle se laissa porter à tous les appetits desordonnez, & vices de luxure, qu'vne femme a-



bandonnee pourroit commettre: Alors Iulius Antonius, vn de ses adulteres & ruffiens, se tüa : n'ayant peu recognoistre la clemence & les biens-faicts de Cesar, qui apres auoir vaincu son pere, ne luy auoit pas seulement donné la vie, mais aussi le Sacerdoce, la Preture, le Consulat, & des Gouuernemens; mesme s'estoit ioinct à luy d'vn estroit lien de parenté, l'hono-

rant du mariage de sa niepçe. Quintus Crispinus, dont l'affreux
sourcil seruoit de deffense à sa grande meschanceté, Appius *& autres.*
Claudius, Sempronius Gracchus, Scipion, & autres de plus basse
qualité, de l'vn & de l'autre estat, furent punis pour auoir violé la
fille de Cesar, femme de Neron. Cesar ne voulut plus voir Iulia, *Iulia bannie.*
qui fut bannie en vne Isle, où Scribonia sa mere l'accompagna
d'vn exil volontaire.

 Quelque peu de temps apres C.Cesar ayant auparauant passé   **CI.**
par toutes les autres Prouinces, fut enuóyé en Syrie : passant à *Caius enuoyé en*
Rhodes il alla saluër Neron, qu'il honora comme son superieur. *Orient.*
Estant en Asie il s'y comporta auec tant de varieté, que la matiere ne manqueroit pas à celuy qui le voudroit loüer ou blasmer. Il *Parlemente en*
s'accorda auec le ieune Roy des Parthes, & parlementerent en- *vne Isle auec le*
semblement en vne belle Isle que le fleuue d'Euphrate enui- *Roy des Parthes.*
ronnoit de tous costez. Il me souuient d'auoir veu ceste renommée & memorable asséblee, aux premieres soldes que ie reçeus
sous Caius estant Tribun militaire, où l'armee Romaine estoit *Velleius Tribun*
d'vn costé, celle des Parthes de l'autre, tádis que ces deux Chefs *militaire.*
les plus apparents des Empires & des hommes s'assembloient.
I'auois esté honoré de la mesme dignité de guerre auparauant,
sous ton pere M. Vinicius, & P. Silius, en la Thrace, Macedoine,
Achaïe, Asie, & en toutes les Prouinces de l'Orient, en l'embou-
cheure, & és deux costez de la mer Pontique ; & maintenant ie
jouys de la souuenance agreable de tant d'exploicts, lieux, nations, & citez. Le Parthe banqueta le premier auec Caius en
nostre riuage: & Cesar le dernier chez le Roy en sa tente.

 Ce fut pour lors que la colere de Cesar diuulgua les traistres   **CII.**
conseils (que le Parthe luy auoit baillé à cognoistre) conçeus en
l'esprit variable & rusé de M. Lollius, à qui Auguste auoit donné
só fils pour precepteur en sa ieunesse: la mort duquel (qui aduint
quelques iours apres) fut du tout incogneuë, soit quelle ait esté
fortuite ou volontaire. D'autant plus que le peuple s'esiouyst
du decez de cestuy-cy, d'autant plus il eut de regret à celuy
de Censorinus, qui mourut peu de temps apres & en la mesme
Prouince; c'estoit vn personnage nay pour acquerir & meriter
l'amitié de chacun. Caius estant entré en Armenie, du commencement il s'y comporta vaillamment, auec beaucoup d'heureux
succez, mais en vn parlement deuant Artagera, (ou il se fia te- *Caius blessé.*
merairement) vn certain Adduus le blessa rudement : de ceste
blessure il commença d'auoir le corps aussi foible que l'esprit. Il

k ij

auoit à sa suitte vne sorte d'hommes, qui par flatteries l'entrete-
noient en ses vices : car la flatterie accompagne tousiours vne
belle fortune : ce qui eut tant de pouuoir sur luy, qu'il aymoit
mieux s'enuieillir en la plus longtaine contree du monde, que
de retourner à Rome. En-fin apres vne longue irresolution, re-
prenant le chemin d'Italie, il mourut de maladie en la ville de
Lycie, nommee Limira; estant aussi son frere Lucius decedé à
Marseille, s'en allant en Espagne, auant qu'il eust encore atteint
l'aage de cinquante ans.

*Sa mort,*

*Et de son frere*
*Lucius.*

**CIII.**

Mais la fortune, qui auoit osté aux Romains l'esperance con-
ceuë des neueux d'Auguste, auoit aussi rendu à la Republique
ses premieres forces. Car auant le trespas de Caius & Lucius,
Tib. Neron retourné de Rhodes resiouyt grandement sa patrie.
Cesar Auguste ne demeura gueres sans vouloir choisir quelqu'vn
pour adopter; mais il en vouloit eslire vn qui excellast par dessus les autres. C'est pourquoy il resolut d'adopter Tibere apres la
mort des deux freres, ce qu'apres le decez de Lucius il auoit
voulu faire Caius estant encor en vie; en quoy il fut retenu lors
par les refus de Neron qui ne voulut accepter, bien qu'il l'eust associé à la puissance Tribunitiale. Ceste adoption se fit Auguste

*Tibere adopté,*

estant Consul auec Ælius Catus Sentius, le v. des Kal. de Iul. il
y a dix-sept ans l'an de la fondation de Rome DCCLIV. A peine
pourrions nous amplement descrire en vn volume entier, ( tant
s'en faut que nous taschions de l'accomplir icy ) la resiouyssance
de ceste iournee, l'affluence des peuples qui se trouuerent dans
Rome, les vœux des citoyens, qui joignoient presque les mains
au ciel, pour l'espoir d'vne perdurable asseurance conçeuë, & e-
ternité de l'Empire Romain. Suffise d'auoir dit combien ce iour
fut nommé heureux par tout le monde. Alors les peres eurent
bonne esperance de leurs enfans, les maris de leurs femmes, les
Seigneurs de leur patrimoine; & tous les hommes en general se
promirent d'estre en sauue-garde, repos, paix, & tranquillité: tellement qu'on ne pouuoit esperer dauantage, ny desirer que l'esperance reüssist plus heureusement.

*CIIII.*

*Et Agrippa*
*Posthume.*

M. Agrippa, que Iulia auoit enfanté apres la mort d'Agrippa,
fut aussi adopté le mesme iour: Mais en l'adoption de Neron Cesar adiousta ces mesmes paroles, *Ie fais cestui-cy pour l'amour de la Re-*
*publique.* Tibere, le support & deffense de l'Empire, ne demeura
pas long-temps à Rome, on l'enuoya tout aussi-tost en Allemagne, où trois ans auparauant s'estoit esleuee vne fort grande

*Tibere enuoyé en*
*Allemagne,*

guerre fous ton ayeul M. Vinicius, homme de loüable reputation, qui combattit en certains lieux, & fouftint la charge heureufement, à caufe dequoy les ornemēts du triomphe luy furent
donnez, auec vne belle infcription fur fes vaillances. En ce
temps-là ie me fis foldat de Tib. Cefar, ayant auparauant efté
Tribun militaire. Car tout auffi-toft apres fon adoptiō on m'en-
ùoya en Allemagne auec luy, Lieutenant de la Cauallerie, & fuc-
ceffeur de la dignité de mon pere: Les exploicts de Neron y furēt
du tout celeftes; & par l'efpace de neuf ans continuëls i'ay affifté
en cefte guerre de tout mon pouuoir. La condition des mortels
ne me fçauroit promettre de voir vne refiouyffance femblable à
celle d'alors, car tous ceux qui reuoyoient en la plus renommee
partie d'Italie, & és Prouinces des Gaules vn Empereur fi aagé,
& vn Cefar qui eftoit tel en forces & en merite, deuant qu'il le
fuft de nom, s'eftimoient plus heureux que luy-mefme. Mais
auffi-toft que les foldats le virent, les larmes leur vindrent aux
yeux de grand' joye, & le nouueau contentement qu'ils rece-
uoient en le faliüant eftoit tel, que defireux de le toucher à la
main, ils ne fe peurent tenir de luy dire, *Nous te voyons, Empereur,
nous t'auons veu fain & fauue. Et par apres, l'ay efté auec toy en Armenie, ô Empereur, moy en Rhetie, c'eft toy qui m'as renuoyé és Vindeliques,
moy en Pannonie, moy en Allemagne:* ce qu'on ne peut exprimer par
paroles, & femble du tout incroyable.



    Entrez en l'Allemagne nous fubiuguafmes les Caninefates,
Attuares, & Bruĉteres: les Cherufciens s'eftans rendus, ( nation
memorable pour la desfaicte que nous en fifmes) en trauerfant
leur fleuue, le paffage nous fut ouuert aux Vifurges. Apres que
nous fufmes paffez outre, veu que Tibere s'eftoit chargé du plus
fort & dangereux de la guerre, il voulut que Sentius Saturninus
(qui auoit efté Lieutenant de fon pere en Allemagne) foignaft
aux communes neceffitez de l'armee, car il eftoit vn perfonnage
doüé de plufieurs vertus, habile, foigneux, preuoyant, patient, &
bien verfé aux affaires de guerre; mais qui abufoit du loifir à fa
volonté, & fe donnoit du bon temps, auffi-toft qu'il auoit tant
foit peu de relafche; ce que toutesfois tu euffes attribué pluftoft
à magnificence & gaillardife, que non pas à luxe & pareffe.
Nous auons defià parlé de fon Confulat. La guerre de cefte année, qui dura iufqu'au mois de Decembre feruit de beaucoup à
cefte grande victoire. Les Alpes couuertes de neige, Tibere felon fa pieté couftumiere, vint à Rome pour la deffence de

l'Empire : & au commencement du Printemps il s'en retourna
en Allemagne retrouuer son armee qu'il auoit laissee hyuerner,
pres de la source du fleuue Iulia.

**CVI.**

Dieux immortels, que ce seroit vne œuure de longue haleine,
de descrire tous les exploicts que nous fismes l'Esté suiuant, sous
la conduite de Tibere. Nous vismes toute l'Allemagne par armes, & vainquismes des nations, les noms desquelles nous sont
presque incognéus. Ayans repris les Cauches, toute leur ieunesse, infinie en nombre, d'hauteur desmesuree, tres-forte & hardie
pour la situation des lieux, mit bas les armes, & leurs Capitaines
aussi; enuironnez de braues compagnies de nos soldats armez, ils
se prosternerent deuant le siege de nostre Empereur. Les Lombars furent desfaicts, nation plus barbare & cruëlle que n'est la
cruauté mesme des Allemans. Bref, (ce que nous n'auions iamais
esperé) l'armee Romaine paruint auecques ses enseignes à deux
cents mille outre le Rhin iusques au fleuue Albis, qui passe au
pays des Senones, & Hermondures; mesmes par vn admirable
bon-heur, soin du Capitaine, & obseruation des saisons, l'armee
nauale qui auoit costoyé plusieurs golfes de ceste mer entra sur
ce fleuue, duquel on n'auoit encore ouy parler, & auparauant
incogneu: ainsi apres qu'elle eut vaincu plusieurs nations, & gaigné du butin à suffisance, elle se joignit à Tibere, & à l'armee qui
estoit par terre.

*Les Cauches.*

*Les Lombars.*
*Albis, fleuue.*

**CVII.**

Il faut que i'adjouste cecy, tel qu'il est, à des choses si grandes,
Nous-nous estions saisis d'vn costé du riuage de ce fleuue; &
l'autre riue où estoiét les troupes de l'ennemy reluisoit en armes,
lors que sur la retraicte de nos nauires, vn des Barbares fort aagé,
de belle stature, & qui selon son habit sembloit auoir apparence
de dignité, s'embarqua en vne nacelle creuse (comme ils ont de
coustume) & gouuernant luy-mesme tout seul son bateau, vint
iusques au milieu du fleuue, d'où il demanda qu'il luy fust permis
de passer en nostre bord que nous teniõs par force d'armes, pour
auoir cest honneur de voir Tibere, ce qu'on luy accorda. Abordé
à nostre riue, & l'ayant long-temps regardé & contemplé à part
soy, il tint ces paroles, *Nous auons vne ieunesse forcenee, qui adore vostre*
*diuinité quand vous estes absent, & en vostre presence redoute plus vos ar-*
*mes qu'elle ne se fie en vous : Mais quant à moy, par ta courtoisie, ô Cesar,*
*i'ay veu ceste diuinité de laquelle ie n'auois qu'ouy parler par cy-deuant, &*
*n'estime auoir eu en ma vie iournee plus heureuse que ceste-cy.* Ainsi ayant
eu l'honneur de luy toucher la main, il rentra dans son petit

bateau, & s'en retourna, loüant Tibere infiniemēt: Lequel vaincueur de toutes les nations & pays où il auoit mis le pied auec
son armee, que l'ennemy n'auoit iamais attaquee qu'vne fois,
encore fust-ce auec grande perte des siens, ramena hyuerner ses
Legions, & s'en retourna à Rome aussi hastiuement que l'annee
precedente.

Il n'y auoit rien en toute l'Allemagne qui restast à vaincre que *CVIII.*
les Marcomannes, qui sous la conduite de Maroboduus leur *Maroboduus*
Chef, changerent de demeure, & s'estans retirez en vne plus *Chef des Marco-*
basse contree, s'habiterent és champs d'autour la forest Herci- *mannes.*
nie. Nous ne sommes pas si hastez qu'il faille passer sous-silence
Maroboduus, personnage noble de race, robuste de corps, d'esprit farouche, & plus barbare de nation que de mœurs, lequel ne
s'acquist pas vne Principauté soudaine, fortuite, ny muable, &
qui dependist de la volonté de ses subjects, ains ayant compris en
son ame vn certain Empire & puissance Royale, se resolut de
distraire son peuple bien loin des Romains, & s'acheminer à vn
lieu, où s'estant retiré à cause des puissantes armes Romaines, il
accreut dauantage la puissance des siennes. Apres s'estre saisi des *Sa puissance.*
lieux que nous auons dit, il dompta par armes tous ceux d'alen-
tour, ou par paches & conditions il les soubmit à soy.

Maroboduus par son soin & diligence reduisit son Empire au *CIX.*
patron de la discipline Romaine, & par ses iournaliers exercices
le rendit redoutable à nostre Empire. Il se comportoit de telle
façon enuers les Romains, qu'il ne nous assignoit point de combat; & si on l'attaquoit, il monstroit qu'il auoit des forces à suffisance, & du courage pour se defendre. Les Ambassadeurs qu'il
enuoyoit aux Cesars, traictoient tantost auec supplications, &
tantost il les faisoit parler de pair auec nous: Les nations qui se
reuoltoient contre nous auoient recours à luy, bien que par dis-
simulation il se dist leur ennemy iuré. Il auoit preparé & leué
vne armee de soixante & dix mille pietons, & quatre mille Ca- *Les frontieres*
ualiers, laquelle il exerçoit en guerres continuelles contre ses *des terres des*
plus proches voisins affin de s'en seruir au besoin contre les Ro- *Marcomans.*
mains. Il estoit d'autāt plus redoutable, & se faisoit craindre d'vn
chacun, parce qu'il auoit pour frontieres de ses terres la Germa-
nie au front & à la main gauche, la Pannonie à la droite, & les
Noriques par derriere; tellement qu'il les pouuoit tous attaquer,
quand bon luy sembloit. Il ne souffroit pas mesme que l'Italie
fut beaucoup seure de son accroissement, depuis les hauts

sommets des Alpes, qui limitent l’Italie, le commencement de
ses bornes n’en estoit pas esloigné de plus de deux cents mille
pas. Tibere se resolut d’attaquer l’annee suiuante ce Chef & son
pays par diuers endroicts. Il fut commandé à Sentius Saturninus,
qu’ayant faict couper toutes les forests d’Hercinie, il menast par
les Cartes ses Legions en Boheme (c’est le nom du pays où Maroboduus demeuroit.) L’armee qui auoit hyuerné en Illyrie,
estant conduite à Carnunte (contree du Royaume Norique) on
entra dans le pays des Marcomannes.



**CX.**    La fortune rōpt quelquefois les desseins des hōmes, quelquefois elle les retarde. Tibere s’estoit desià preparé pour hyuerner
pres du Danube, & ayant fait aduācer son armee, auoit cōmandé
à Saturninus qu’il ne s’approchast des premiers ennemis que de
cinq iournees de chemin; ce qu’il fit. Dans peu de iours les Marcomannes fussent venus aux mains auecques Tibere, si toute
la Pannonie ne voulāt se maintenir en vne longue paix, & la Dalmatie aussi s’estant associee à toutes les nations de ceste contree,
n’eussent pris les armes côtre les Romains d’vne volonté delibe-
ree. Alors on fut cōtrainct de dōner plustost ordre à ce qui estoit
le plus necessaire, que de chercher vne guerre pour la gloire du
nom Romain, sans qu’il semblast trop seur (l’armee estant desià
bien auāt en Allemagne) de laisser l’Italie vuide de gens de guerre à des ennemis si prochains. Le nombre des nations reuoltees
excedoit à plus de DCCC. mil hommes, desquels ils auoient choisi
deux cents mille soldats à pied, bien duits à la guerre, & neuf
mille Caualiers. Partie de ces trouppes conduite par des vaillans
& experts Capitaines, auoit resolu de se ietter sur l’Italie, & s’e-
stoit assemblee aux enuirons de Nauport [ou Labato castello]
& de Trieste: Partie deuoit demeurer pour la garde de leurs
pays: & vne partie estoit entree en la Macedoine pour l’enuahir.
Baton & Pinnetes estoient leurs Chefs, esgaux en credit & authorité. Les Pannoniens auoient cognoissance de la discipline
militaire, & de la langue Latine; mesme la pluspart d’eux s’appli-
quoient aux lettres & à toutes sortes de beaux exercices: En verité iamais aucune nation n’allia plus à propos les combats au
conseil de la guerre, n’y n’effectua mieux vne resolution que
ceste-cy. Ils oppresserent les citoyens Romains: ils tuërent les
marchands, vne bonne partie des porte-enseignes fut par eux
deffaite, ils se saisirent par armes de la Macedoine: bref ils mirent
tout à feu & à sang; Auguste mesme, de qui le courage sçauoit

brauer

PATERCVLVS.                    81

brauer la peur par l'experience de tant de guerres, redoutoit fort les attaques de ceste-cy.

On fut contrainct de faire leuees de gens de guerre, on rappella tous les vieux soldats, chafque famille fut contrainte de donner vn libertin pour foldat. Le Prince dit en plein Senat, *que dans dix iours (fi on n'y prenoit garde) l'ennemy pouuoit venir deuant Rome*. Les Senateurs & Cheualiers Romains promirent de grandes aydes pour ceste guerre : mais tous ces apprefts n'euffent de rien feruy fans vn braue chef pour la conduire. La Republique demanda à Augufte, que Tibere en fuft le conducteur. La mediocrité lors nous feruit de beaucoup. Ie fus deputé Threforier de guerre, efgalifé aux Senateurs, & defigné Tribun du peuple; ie menay à Tibere vne partie de l'armee qu'Augufte auoit leuee dans Rome. Depuis durant ma Questure, estant encores renuoyé par Augufte vers le mefme Tibere, quelles trouppes de l'ennemy ne vifmes nous la premiere annee; auec qu'elles rufes (fauorifez du temps, & par la prudence du Chef) n'euistafmes nous la fureur de leurs forces? auec quelle difcretion vifmes nous Tibere proceder aux affaires? auec qu'elle prudence furent preparez les lieux pour hyuerner? auec combien grand foin mit-on des gardes à l'enclos de noftre armee, afin que l'ennemy pris de tous coftez ne peuft fortir hors; & forcené contre foy-mefme languift fans forces & munitions.

*CXI.*

*Tibere enuoyé contre les Pannoniens.*

Il nous faut parler du bel exploict de Meffalinus, qu'il executa auffi heureufement que vaillamment au commencement de cefte guerre. Ce perfonnage auffi noble d'efprit que de race merita d'auoir eu vn tel pere que Coruinus, & de faire porter fon furnom à fon frere Cotta. L'Illyric luy eftant donnee en charge, par vne foudaine reuolte il fut enuironné (auec la vingtiefme Legion à demy complette) de l'armee des ennemis, qu'il defconfit & chaffa bien qu'ils fuffent plus de vingt mille; à caufe dequoy on l'honora des ornemens triomphaux. Luy & fes trouppes deuindrent fi redoutables aux Barbares, qu'ils le craignoient plus qu'ils ne faifoient Tibere. Vne partie de leur armee fut reduite à vne infupportable famine, n'ayant ofé venir aux mains, quoy que nous leur prefentaffions le combat, & que noftre armee fuft dreffee pour cest effect, ains s'alla faifir du mont Claudius, où elle fe deffendit. Mais l'autre partie de leur armee qui eftoit allée au deuāt des forces que A. Cecina, & Siluanus Plautius Cōfulaires amenoient des Prouinces d'outre-mer, attaqua cinq de nos Le-

*CXII.*
*Meffalinus.*

*Combats entre les Pannoniens & les Romains.*

l

gions, les Auxiliaires, & la Caualerie Royale) car Remetalces
Roy de Thrace, s'estoit ioinct à l'armee Romaine auec vn grand
nombre de Thraces, ) & causa presque à tous vne dommageable
perte. Car la Caualerie Royale fut mise en fuitte auecques les
aisles: les Cohortes changerent de rang: mesme du costé des enseignes on eut belle peur. Mais la vaillance des soldats Romains
acquist plus de gloire en ce temps-là, que non pas la conduite de
leurs Capitaines, qui rencontrerent, l'ennemy auant que par le
moyen de leurs espions ils sçeussent où il estoit. En vn euenemẽt
si douteux, les Legions s'estans encouragees par ensemble, apres
que quelques Tribuns militaires eurent esté occis, comme aussi
le Mareschal de Camp, les Lieutenans des Cohortes, & les premiers rangs des Centeniers desfaicts, ils assaillirent si courageusement leurs ennemis ; que non contans d'auoir soustenu leur
premiere ardeur, ils entrerent de force en leur armee, & contre
leur espoir se vengerent sur eux de la victoire qu'ils auoient euë
du commencement. En ce mesme temps, Agrippa Posthume,
qui auoit esté adopté par son ayeul Auguste, le mesme iour que
Tibere le fut, ayant deux ans auparauant assez faict cognoistre
l'enormité de ses vices & de sa meschante ame , qui s'accrois-
soient de iour à autre, fut disgracié de son ayeul, & en fin enuoyé
en vn miserable exil.

*Vices d'Agrippa Posthume, enuoyé en exil.*

CXIII.　Voy maintenant, M. Vinicius, vn aussi grand Capitaine &
Prince en guerre qu'en temps de paix. Tibere ayant ioinct toutes les armees qui estoient venuës à luy de toutes parts ; & faict
vn camp où il y auoit dix Legions, plus de soixãte & dix Cohortes, quatorze mille vieux soldats, outre vn grand nombre de vo-
lontaires, sans comprendre la Caualerie Royale; ) bref on ne vit
iamais en aucun lieu vne armee si grande depuis les guerres ciuiles ) tous se reiouyssoient, & fondoient sur vn tel nombre l'asseurance de la victoire. Mais ce vertueux Capitaine, iuge de ses
actions, & qui preferoit les choses proffitables aux belles appa-
rences ; qui auoit coustume de faire tousiours en toutes les guerres suiuant les preuues veritables, & non pas selon ce que le vul-
gaire approuuoit : ayant detenu quelques iours l'armee qui l'e-
stoit venu ioindre pour reprendre ses forces affoiblies par la
longueur du chemin, il se resolut de la renuoyer, parce qu'elle
estoit de trop difficile conduite , & les soldats peu obeyssans.
Apres les auoir fait marcher long-temps par des voyes ennuyeu-
ses & fort penibles, desquelles à peine pourroit-on exprimer les

*Armee de Tibere fort grande,*

*separee comme estans inhabile.*

brauer la peur par l'experience de tant de guerres, redoutoit fort les attaques de ceste-cy.

On fut contrainct de faire leuees de gens de guerre, on rappella tous les vieux soldats, chasque famille fut contrainte de donner vn libertin pour soldat. Le Prince dit en plein Senat, *que dans dix iours (si on n'y prenoit garde) l'ennemy pouuoit venir deuant Rome.* Les Senateurs & Cheualiers Romains promirent de grandes aydes pour ceste guerre : mais tous ces apprests n'eussent de rien seruy sans vn braue chef pour la conduire. La Republique demanda à Auguste, que Tibere en fust le conducteur. La mediocrité lors nous seruit de beaucoup. Ie fus deputé Thresorier de guerre, esgalisé aux Senateurs, & designé Tribun du peuple; ie menay à Tibere vne partie de l'armee qu'Auguste auoit leuee dans Rome. Depuis durant ma Questure, estant encores renuoyé par Auguste vers le mesme Tibere, quelles trouppes de l'ennemy ne vismes nous la premiere annee; auec qu'elles ruses (fauorisez du temps, & par la prudence du Chef) n'euistasmes nous la fureur de leurs forces? auec quelle discretion vismes nous Tibere proceder aux affaires? auec qu'elle prudence furent preparez les lieux pour hyuerner? auec combien grand soin mit-on des gardes à l'enclos de nostre armee, afin que l'ennemy pris de tous costez ne peust sortir hors; & forcené contre soy-mesme languist sans forces & munitions.

Il nous faut parler du bel exploict de Messalinus, qu'il executa aussi heureusement que vaillamment au commencement de ceste guerre. Ce personnage aussi noble d'esprit que de race merita d'auoir eu vn tel pere que Coruinus, & de faire porter son surnom à son frere Cotta. L'Illyric luy estant donnee en charge, par vne soudaine reuolte il fut enuironné (auec la vingtiesme Legion à demy complette) de l'armee des ennemis, qu'il desconfit & chassa bien qu'ils fussent plus de vingt mille; à cause dequoy on l'honora des ornemens triomphaux. Luy & ses trouppes deuindrent si redoutables aux Barbares, qu'ils le craignoient plus qu'ils ne faisoient Tibere. Vne partie de leur armee fut reduite à vne insupportable famine, n'ayant osé venir aux mains, quoy que nous leur presentassions le combat, & que nostre armee fust dressee pour cest effect, ains s'alla saisir du mont Claudius, où elle se deffendit. Mais l'autre partie de leur armee qui estoit allée au deuāt des forces que A. Cecina, & Siluanus Plautius Cōsulaires amenoient des Prouinces d'outre-mer, attaqua cinq de nos Le-



l

gions, les Auxiliaires, & la Caualerie Royale) car Remetalces
Roy de Thrace, s'estoit ioinct à l'armee Romaine auec vn grand
nombre de Thraces,) & causa presque à tous vne dommageable
perte. Car la Caualerie Royale fut mise en fuitte auecques les
aisles: les Cohortes changerent de rang: mesme du costé des enseignes on eut belle peur. Mais la vaillance des soldats Romains
acquist plus de gloire en ce temps-là, que non pas la conduite de
leurs Capitaines, qui rencontrerent, l'ennemy auant que par le
moyen de leurs espions ils sçeussent où il estoit. En vn euenemēt
si douteux, les Legions s'estans encouragees par ensemble, apres
que quelques Tribuns militaires eurent esté occis, comme aussi
le Mareschal de Camp, les Lieutenans des Cohortes, & les premiers rangs des Centeniers desfaicts, ils assaillirent si courageusement leurs ennemis; que non contans d'auoir soustenu leur
premiere ardeur, ils entrerent de force en leur armee, & contre
leur espoir se vengerent sur eux de la victoire qu'ils auoient euë
du commencement. En ce mesme temps, Agrippa Posthume,
qui auoit esté adopté par son ayeul Auguste, le mesme iour que
Tibere le fut, ayant deux ans auparauant assez faict cognoistre
l'enormité de ses vices & de sa meschante ame, qui s'accrois-
soient de iour à autre, fut disgracié de son ayeul, & en fin enuoyé
en vn miserable exil.

*Vices d'Agrippa Posthume, enuoyé en exil.*

**CXIII.**

Voy maintenant, M. Vinicius, vn aussi grand Capitaine &
Prince en guerre qu'en temps de paix. Tibere ayant ioinct toutes les armees qui estoient venuës à luy de toutes parts; & faict
vn camp où il y auoit dix Legions, plus de soixāte & dix Cohortes, quatorze mille vieux soldats, outre vn grand nombre de vo-
lontaires, sans comprendre la Caualerie Royale;) bref on ne vit
iamais en aucun lieu vne armee si grande depuis les guerres ciuiles) tous se reiouyssoient, & fondoient sur vn tel nombre l'asseurance de la victoire. Mais ce vertueux Capitaine, iuge de ses
actions, & qui preferoit les choses proffitables aux belles appa-
rences; qui auoit coustume de faire tousiours en toutes les guerres suiuant les preuues veritables, & non pas selon ce que le vul-
gaire approuuoit: ayant detenu quelques iours l'armee qui l'e-
stoit venu ioindre pour reprendre ses forces affoiblies par la
longueur du chemin, il se resolut de la renuoyer, parce qu'elle
estoit de trop difficile conduite, & les soldats peu obeyssans.
Apres les auoir fait marcher long-temps par des voyes ennuyeu-
ses & fort penibles, desquelles à peine pourroit-on exprimer les

*Armee de Tibere fort grande,*

*separee comme estans inhabile.*

incommoditez : perſonne ne les oſant tous attaquer, & eux ne
pouuant faire eſſay de la pluſpart des leurs, il les renuoya d'où ils
eſtoient venus: & luy s'en retourna en Siſcie au commencement
d'vn grand Hyuer, ſeparant ſon armee en diuers lieux.

O effeḍt ( que les paroles ne releuent pas tant que la gran- CXIIII.
deur de la vraye & vtile vertu) d'agreable experience, & ad- *Douceur de Ti-*
mirable debonnarieté! durant tout le temps de la guerre d'Al- *bere.*
lemagne, & de Pannonie aucune perſonne de rang & qualité
ne fut malade que Tibere ne s'employaſt auec grand ſoin pour
luy faire recouurer ſa ſanté, & ſembloit que ſon eſprit abandonnant l'importance de ſes grandes charges, ne s'appliquaſt qu'à
cecy. Ceux qui vouloient aller ſur des chariots en trouuoient de
tous preſts; meſme ſa litiere eſtoit commune à tous: duquel bien-
faiḍt i'ay faiḍt preuue entre-autres. Il y auoit des Medecins, des
viandes requiſes, & des eſtuues pour ceſt effeḍt, affin d'aſſiſter à
chacun. Bref il ne manquoit rien que la maiſon & les domeſti-
ques : car quant au reſte on n'euſt rien ſçeu demander qui ne s'y
trouuaſt. Adiouſte maintenant à tout cecy, que tous ceux qui
deſiroient le voir, le cognoiſſoient tout auſſi-toſt, car il alloit
touſiours ſeul à cheual: & faiſant en Eſté les deſpeſches, il ſoup-
poit ſeul aſſis auec ceux qu'il inuitoit. Il pardonnoit à ceux qui
n'auoient pas enſuiuy la diſcipline militaire, pourueu que leur
exemple ne prejudiciaſt à perſonne. Ses admonitions eſtoient
iournalieres, & ſes chaſtimens auſſi, mais la vengeance fort rare :
Il diſſimuloit beaucoup de choſes, & en deffendoit d'autres.
L'Hyuer ſeruit grandement à la guerre, mais l'Eſté ſuiuant toute *Les Pannoniens*
la Pannonie demanda la paix, tellement que toute la guerre ſe *desf.its deman-*
tourna contre la Dalmatie. Nous raconterons, ainſi que i'eſpere, *dent la paix.*
plus amplement & par ordre, comme ceſte multitude ſi grande
de ieunes hommes orgueilleux, & qui menaçoient l'Italie vn peu
auparauant qu'eſtre faiḍts priſonniers, poſa les armes, (dont elle
s'eſtoit ſeruie contre les Romains) pres du fleuue de Bathinus; ſe
ietta aux pieds de Tibere; meſme comme Baton fut pris, & comme Pinnetes ſe rendit; tous deux vaillants Capitaines. En Au-
tomne l'armee viḍtorieuſe retourna hyuerner, & Ceſar en fit
Lieutenant M. Lepidus, perſonnage qui ne cedoit à aucun ny en *M. Lepidus.*
bon-heur ny en reputation, autant admiré qu'aimé de ceux qui
le voyoient & cognoiſſoient, & eſtimé l'ornement d'vne ſi ver-
tueuſe race dont il eſtoit yſſu.

Tibere employa tous ſes efforts à la guerre de Dalmatie: en CXV.

laquelle on cognoiſt aſſez combien luy ſeruit mon frere Magius Celer Velleianus, tant par le teſmoignage dudit Tibere & d'Auguſte, que par les grands honneurs deſquels il honora mon frere en triomphant. Sur le commencement de l'Eſté, Lepidus apres auoir retiré ſon armee des lieux où elle hyuernoit, s'achemina vers Tibere, par les pays de tres-puiſſantes nations, exemptes iuſques à lors des incommoditez de la guerre; & à ceſte occaſion deuenuës barbares & cruelles. Apres qu'il euſt combatru contre la difficulté des lieux, & des forces des ennemis, desfaict vn grãd nombre d'iceux, rauagé leurs champs, bruſlé leurs maiſons, faict paſſer les hommes par le fil de l'eſpee, eſtant comblé de joye pour ſa victoire, & chargé de butin, il vint trouuer Ceſar, & par l'aduis & conſentement des plus grands du Senat, il fut recom-



penſé d'ornements triomphaux à cauſe de ceſt exploict, pour lequel (s'il l'euſt mis à fin ſous ſes auſpices) il euſt merité le triomphe. Ceſte ſaiſon mit fin à vne grande guerre: car les Dooriſes & Deſitiates peuples de Dalmatie, qui ſont nations preſque inexpugnables pour la ſituation des lieux & montaignes, pour leur cruauté & bonne diſcipline qu'ils pratiquent à la guerre, mais principalement à cauſe de l'eſpeſſeur de leurs foreſts, s'appaiſerent en fin, ruynez preſque pluſtoſt par l'effort des armés que par



la conduite de Tibere. Ie n'ay rien trouué en ceſte ſi dangereuſe guerre, ny en toute l'Allemagne, de plus grand ou eſmerueillable, ſinon que iamais Tibere n'a donné aucune occaſion de vaincre pour recompenſer la perte du ſoldat par le gain de la victoire; eſtimant honorable ce qui eſtoit faict auec plus de ſeureté; & & qu'il preferoit ſa conſcience à la renommee; qu'il ne donna iamais ſes conſeils au gré de l'armee, mais la gouuerna touſiours par ſa ſageſſe.



Germanicus enuoyé en pluſieurs lieux de difficile accez, fit de grandes preuues de ſa vertu en la guerre Dalmatique. Q. Iu-



lius Poſtumus Conſulaire, gouuerneur de ceſte Prouince, s'acquiſt auſſi les ornements triomphaux pour la diligence de laquelle il auoit vſé en diuers exploicts de guerre. Ce que meriterent encore peu d'annees auparauant en Afrique Paſſienus, & Coſſus, perſonnages ſignalez pour quelques particulieres vertus qui eſtoient en eux. Mais Coſſus attribua l'honneur de la victoire à ſon fils qui eſtoit encor adoleſcēt, mais né à toutes ſortes de vertus. L. Apronius auſſi qui participoit aux deſſeins de Poſt-



humus, merita en ceſte guerre, par ſa grande vertu, les honneurs

qui luy furent par apres deferez. A la mienne volonté qu'on
n'euſt point de plus grandes experiences du pouuoir qu'a la fortune ſur toutes choſes mortelles : mais particulierement on a
eſprouué ſa puiſſance en cecy; car Seianus perſonnage bien né, *Seianus.*
& qui par ſa clemence & douceur attrempoit l'ancienne grauité, ayant exercé de belles charges en Allemagne & Illyrie, & depuis en Afrique, apprit qu'elle eſtoit l'aduerſe fortune, non à iu-
ſte cauſe, mais ſous pretexte qu'il briguoit les honneurs triomphaux. Le meſme arriua à Aulus Licinius Nerua Silanus, fils de *Licinius Nerua*
P. Silius: c'eſtoit vn perſonnage qu'on ne pouuoit aſſez admirer: il fut diſgracié de ſon Prince, ſans ſubject, auec la perte de
ſes eſtats & dignitez, qui l'auoient eſleué en pareil degré d'honneur que ſon pere. Que ſi quelqu'vn dit que de propos deliberé
i'ay fait mention de ces perſonnages, ie ne le deſaduouë pas: car
les gens de bien ne peuuent blaſmer vne conſcience qui n'eſt
point deſguiſee.

A peine Ceſar auoit il mis fin à la guerre Pannonique & Dal- CXVII.
matique, que cinq iours apres vn ſi penible trauail on luy apporta ces faſcheuſes nouuelles d'Allemagne, *Que Varus auec trois* *Varus.*
*Legions, trois aiſles de ſon armee, & ſix compagnies, auoit eſté desfaict*: Et
comme ſi la fortune nous eſtoit tant ſeulement fauorable en cecy, Que, le Chef occis, & l'armee deſconfite, les affaires auoient
beſoin de retardement. Quintilius Varus de plus Illuſtres que
Nobles parents, d'vn eſprit doux & paiſible, arreſté en ſes mœurs,
conſtant de corps & d'eſprit, & plus accouſtumé à l'oiſiueté du
camp, qu'aux eſcarmouches guerrieres (auare tant ſoit peu quãt
au reſte) ſortit de Syrie où il auoit commandé & s'y eſtoit enri-
chy. Iceluy Chef de l'armee d'Allemagne, ſe perſuada que les
Allemans eſtoient gens groſſiers, qui fors la voix & les membres n'auoient aucune apparence d'hommes: & que ne pouuans
eſtre vaincus par armes, ils ſeroient adoucis par iuſtice. Ce que
s'eſtant propoſé, il entra au beau milieu de l'Allemagne, comme *Sa nonchalance.*
parmy vne nation qui s'eſiouïſſoit des biens de la paix, & paſſa
l'Eſté à rendre iuſtice à vn chacun.

Mais eux (ce qu'il n'euſt iamais creu ſans l'auoir experimenté) CXVIII.
ſubtils en l'execution de leur cruauté, feignoient auoir des pro- *Ruſes des Alle-*
cez; maintenant s'iniurioient l'vn l'autre; tantoſt remercioient *mans.*
les Romains *de ce que par equité ils appaiſoient leurs differens, & que leur*
*naturel farouche s'adouciſſoit par la nonueauté d'vne diſcipline à eux inco-*
*gneuë; & que ce qui auoit accouſtumé d'eſtre vuidé par les armes eſtoit alors*

*decidé par le droiʃt.* Par ce moyen ils abuſerent tellement Quintilius, qu'il eſtimoit pluſtoſt preſider à vn Palais, que commander
en vne armee, au milieu de l'Allemagne. Sur ces entrefaiſtes vn
ieune homme de noble race, haut à la main, d'vn beau iugemēt,
d'vn eſprit vif par deſſus les Barbares, nommé Arminius, fils de
Sigimerus Prince de ceſte nation, ayant façon d'homme courageux, qui auoit touſiours aſſiſté à nos guerres paſſees, & deſià
obtenu droiſt de Bourgeoiſie, & degré de Cheualier en la ville
de Rome, prit occaſiō de mal-faire ſur la nonchalance du Capitaine, iugeant ſagement, que celuy qui ne ſe doute de rien eſt
plus ayſé à accabler, & que la confiance apporte ſouuent de
grandes calamitez. Au commencement doncques il commu-
nique ſon deſſein à quelques-vns : puis apres à pluſieurs; leur re-
mōſtre & perſuade que les Romains ſont faciles à deffaire ; effe-
ſtuë ſes paroles, & arreſte auec eux du temps-des embuſches.
Cecy eſt rapporté à Varus par vn Gentil-homme Alleman nommé Segeſtes : Mais deſià les deſtinees auoient plus de force que
les conſeils, & luy auoient faiſt perdre tout iugement. Ce qui eſt
le plus lamentable en cecy, c'eſt, que celuy qui doit dechoir de
ſon bon heur peruertit ſes conſeils ; & arriue qu'on croit qu'il a
bien merité ceſt inconuenient, & qu'on rejette le mal heur ſur
ſa faute meſme. Varus ne veut croire ce rapport : au contraire
proteſte d'auoir obligé vn chacun à l'aimer, & depuis le premier
aduertiſſement ne voulut plus en ouyr parler.

 Nous taſcherons de raconter tout au long, ainſi que les autres
ont faiſt, l'ordre d'vne ſi miſerable afflictiō, qui depuis la des-
faiſte de Craſſus par les Parthes, a eſté la plus grande qu'ayent
reçeuë les Romains, chez les nations barbares : deplorōs le tout.
Vne armee la plus courageuſe de toutes celles des Romains, ſur-
paſſant en diſcipline, en nombre & experience de guerre toutes
les autres armees, ſurpriſe par la nonchalance de ſon Chef, par la
trahiſon des Allemans, & par vn malheur de fortune (les pauures
ſoldats n'ayans eu moyen de cōbattre comme ils euſſent deſiré,
& quelques-vns punis griefuement, pour s'eſtre ſeruis d'armes
& de courages Romains) encloſe dans des bois & mareſcages
fut maſſacree iuſques au dernier par les embuſches des ennemis, leſquels elle auoit auparauant occis comme beſtes brutes:
de ſorte que ſelon ſa colere elle leur donnoit ou oſtoit la vie. Le
Chef euſt moins de courage pour batailler que pour mourir, &
imitant l'exemple de ſon ayeul & de ſon pere il s'outreperça de

fon efpee. Touchant les deux Lientenans de camp; L. Eggius fe
comporta vertueufement. Ceronius au contraire feruit de tres-
mauuais exemple; car au milieu du combat incitant les autres à
fe rendre, il ayma mieux mourir par fupplice qu'en combattant.
Volumnius Lieutenant de Varus fit auffi vn lafche traict, car ne
penfant qu'à fe fauuer il quitta les pietons, abandonna la caualerie, & s'enfuit auec les autres vers le Rhin; lequel acte la fortune vengea toft apres : car il ne furuefcut pas eftant abandonné
des fiens ; ains mourut en les abandonnant. Les ennemis s'eftans
acharnez fur le corps à demy-bruflé de Varus, ils luy couperent
la tefte, laquelle fut portee à Maroboduus, & enuoyée par iceluy à Cefar, lequel la fit honorablement enterrer au fepulchre
de fes anceftres.

Apres cecy Tibere, deffenfeur perpetuel de l'Empire des Romains, retourna en diligence trouuer Augufte, & print les affaires de la Republique en main, laquelle il auoit de tout temps
maintenuë. On l'enuoye en Allemagne : il affeure les Gaules :
difpofe fes troupes, munit les garnifons, & fe mefurant par la
grandeur de fon courage, fans s'affeurer par trop des ennemis
qui menaçoient l'Italie d'vne guerre pareille à la Cymbrique &
Theutonique, il paffe auec fon armee au delà du Rhin, donne
l'efpouuante à Arminius & aux fiens; les pourfuit, entre auant
dans leurs pays, outrepaffe leurs limites, rauage leurs champs,
brufle leurs maifons, defconfit ceux qu'il rencontre : & auec
grand honneur, fans aucune perte des fiens ramena hyuerner
l'armee d'où elle eftoit partie. Adiouftons icy ce que fit Lucius
Afprenas, lequel combattant en qualité de Lieutenant, fous fon
oncle Varus, conferua auec grand foin & vertu deux Legions,
qui eftoient fous fa charge, & venant à temps pour hiuerner au
Pays-bas, raffeura les courages des nations qui font au deçà du
Rhin, lefquelles commençoient à fe troubler. Il y en a toutesfois
qui croyent que comme il vengea depuis ceux qui refterent en
vie; ainfi occupa-il les patrimoines de ceux qui auoient efté tuez
auec Varus, & fe porta pour heritier en ce qu'il voulut de l'armee mife en route. L. Ceditius auffi Lieutenât de l'armee, &
ceux lefquels eftoient auec luy campez prez du fleuue Alifo, af-
fiegez par de groffes troupes d'Allemans, meritent d'eftre
loüez à caufe de leur vertu : parce que toutes difficultez furmon-
tees, lefquelles la difette des chofes neceffaires faifoit trouuer
infupportables, & l'effort des ennemis rendoit impoffibles à fur-

CXX.

Tibere enuoyé en
Allemagne.

Lucius Afpre-
nas.

L. Ceditius.

monter; vſans d'vn ſage conſeil & preuoyance ils eſpierent l'occaſion,& par leur valeur ſe firent place à trauers des ennemis,
pour venir ioindre les leurs. D'où lon peut voir que Varus, homme à la verité graue & de bon naturel, manqua pluſtoſt de conſeil d'Empereur, qu'il ne fut abandonné de la vertu de ſes ſoldats ; & que par ainſi il fut cauſe de la perte de luy & d'vne puiſ-
ſante armee. Tandis que les Allemans aſſembloient ceux qu'ils
auoient pris, Caldus Cœlius, renommé pour l'antiquité de ſa
race, fit vn acte remarquable: car il prit les chaiſnes dont il eſtoit
lié, & s'en donna tant de coups contre la teſte, qu'il ſe la froiſſa,
& en fit ſortir la ceruelle auec abondance de ſang, dont il mourut ſur la place.

*Vertu de Caldus Cœlius.*

**CXXI.** L'Empereur Tibere eſtant touſiours accompagné de la meſme
vertu & fortune, eſbranla les forces des ennemis, & fit pluſieurs
executions par mer & par terre, aſſeura les affaires des Gaules
auec difficulté, eſteignit les diſſentions allumees entre les Vien-
nois, plus par ordonnances que par punition. Par decret du Senat & du peuple, & à la requeſte de ſon pere, il obtint pareille
puiſſance ſur toutes les Prouinces & armees que celle qu'il auoit
euë deſià : car il n'eſtoit pas raiſonnable que ce qu'il conqueſtoit
à l'Empire Romain euſt eſté gouuerné par vne autre ; & que luy
premier à leur donner ſecours, euſt eſté iugé incapable d'en rem-
porter l'honneur. Apres ſon retour à Rome, il triompha des Pannoniens & Dalmates, quoy qu'il euſt jà de long-temps merité
ceſt honneur. Qui n'admirera la magnificence du triomphe de
Tibere? Qui ne s'eſmerueillera du bon traictemét qu'il receuoit
de la fortune; car le bruit ayant eſté que les Chefs plus apparens
des ennemis auoient eſté tüez; il les fit neanmoins marcher en-
chainez deuant ſon char. Nous euſmes ceſt honneur mon frere
& moy que de l'accompagner, auec les plus grands, & qui auoiét
eu de belles recompenſes. Qui ne ſ'eſtonnera entre les autres
perfections de Tibere de ceſte-cy ? C'eſt que ſans doute ayant
merité ſept triomphes, il s'en contenta de trois.

*Tibere aſſeure les Gaules.*

*Triomphe de Tibere.*

**CXXII.** Car qui ne ſçait que pour auoir repris l'Armenie, eſtably vn
Roy en icelle, auquel il poſa de ſes propres mains la couronne
Royale ſur la teſte, & mit ordre aux affaires de l'Orient, il n'ait
merité le triomphe d'ouation, & enſemble d'eſtre porté par la
ville ſur vn char triomphal, ayát vaincu les Vindeliques & Rhetes? Depuis, apres ſon adoption n'a-il pas merité de receuoir pareil honneur, ayant dompté les forces de l'Allemagne en vne
guerre

guerre de trois ans? Apres la perte receuë fous Varus, ayant tout
auffi-toft rauagee la mefme Allemagne auec vn grand heur, ne
merita-il pas de triompher comme vaillant Capitaine? Mais on
ne fçait lequel des deux admirer pluftoft en luy; ou fon excez és
trauaux & dangers, ou bien fa modeftie és honneurs.

Refte le temps le plus perilleux. Car côme Augufte eut enuoyé
en Allemagne fon neueu Germanicus pour acheuer le refte de
la guerre, & fe deliberaft d'enuoyer fon fils Tibere en Illyrie pour
maintenir en paix ce qu'il auoit conqueflé par armes, luy tef-
moignant l'affection qu'il luy portoit, il s'achemina en Champagne pour auoir le paffe-temps du combat des Athletes que ceux
de Naples auoient inftitué à fon honneur; & quoy qu'il s'ap-
perceuft defià de fa foibleffe, & commençaft à fe treuuer mal,
toutesfois fouftenu par la grandeur de fon courage, il conuoya
fon fils : & fe departant d'auec luy à Beneuent, tira droit à Nole,
où comme fa maladie augmentoit de iour à autre, fçachant celuy qu'il vouloit eftre fon heritier, il manda Tibere en diligence;
lequel pluftoft qu'on ne penfoit reuint trouuer fon Pere & celuy
de la Patrie. Lors Augufte difant qu'il ne fentoit aucune dou-
leur embraffoit fans ceffe fon Tibere, & luy recommandoit fes
affaires. Preparé à la mort & confolé de la veuë de fon beau-fils
Tibere, qu'il aimoit comme foy mefme, il rendit fon ame toute
diuine à Dieu, l'an feptante-fixiefme de fon aage, eftans Confuls Pompeius & Apuleius.

Le loifir ne permet pas ny à moy, ny aux autres d'exprimer fi
promptement quelle fut alors la frayeur des hommes, quel l'e-
ftonnement du Senat, quelle la confufion du peuple, combien
grande la peur de tout l'vniuers, & l'extremité à laquelle nous
fufmes reduicts. Ie diray feulement cecy auec vn chacun; c'eft
que Rome, dont nous auions redouté la ruine, n'a efté tant foit
peu efmeuë : car la Majefté de ce feul perfonnage fut fi grande
que les gens de bien n'eurent aucunement befoin d'armes côtre
les mefchans. Toutesfois il y eut quelque petit debat en la ville,
entre le Senat, le peuple Romain, & Tibere. Les vns vouloient
qu'il fuccedaft à la dignité de fon Pere; Et luy demandoit qu'il
luy fuft permis d'eftre leur Concitoyen, non pas leur Prince : ce
qu'il leur accorda finalement, vaincu pluftoft par la raifon, que
pour aucune ambition d'honneur, de peur que tout ce qu'il ne
prendroit en fa protection ne s'en allaft perdu. Luy feul employa
autant de temps à refufer la Principauté, que les autres à la de-

m

CXXIII.
*Maladie d'Au-*
*gufte.*

*Augufte declare*
*Tibere fon heri-*
*tier & fuccef-*
*feur.*

*Mort d'Augufte.*

CXXIV.

*Tibere accepte*
*l'Empire.*

battre par armes. Apres le decez d'Augufte, & la pompe fune-
bre que l'on luy fit, & qu'il eut efté mis au nombre des Dieux,
fon plus grand foin fut de faire l'affemblee pour eflire des Magiftrats, felon l'ordre qu'Augufte auoit laiffé efcrit de fa main ; auquel temps mon frere & moy fauorits de Tibere, fufmes par le
moyen de quelques Gentils-hommes & Pontifes, nõmez pour
eftre Preteurs l'an fuyuant ; nous nous eftions auffi rendus fi re-
commandables par nos actions enuers Augufte & Tibere, qu'ils
nous preferoient à tous autres.

**CXXV.**     La Republique fut bien-toft apres recompenfee de fes vœux :
on s'apperceut incontinent de la perte que nous euffions faicte
fi Tibere n'euft accepté l'Empire : car l'armee qui combattoit en
*Leüanges de Ti-* Allemagne, & eftoit fous la conduicte de Germanicus prefent ;
*bere.* ensemble les Legiõs d'Illyrie, par ie ne fçay quelle rage & grãde
conuoitife de broüiller tout, cherchoiét nouueau Chef, nouuel
Eftat, & nouuelle Republique : Mefme ils oferent bien menacer
le Senat & le Prince de leur donner la loy ; & entreprindrent de
fe faire payer à leur pofte, fans plus mener guerre. On vint aux
armes, & y eut des coups ruëz ; car la grace qu'on leur fit les rendit du tout infolens ; & manquerent pluftoft d'vn Chef qui les
menaft pour faire la guerre contre la Republique, que de gens
qui les fuiuiffent : Mais la prudence de l'Empereur, verfé aux
affaires militaires, qui leur deffendoit beaucoup de chofes &
leur en permettoit quelques vnes auec grauité, principalement
lors qu'on chaftioit les noftres auec vne grande rigueur, mit fin
à tout cecy par la punition legere de quelques vns. Auquel téps,
comme Germanicus fe comportaft fort lafchement, ainfi Drufus perfonnage tres-vertueux, enuoyéde la part de fon pere pour
appaifer ce tumulte de guerre, felon l'ancienne feuerité reprima
ceux qui l'affiegeoient auec leurs propres armes, & euita plufieurs affaires douteux & dangereux pour luy, tant par exemple,
que par effect : fe feruant grandemét en cecy de l'aide de Iunius
Blefus, ( homme autant profitable en guerre que neceffaire en
temps de paix ; qui depuis peu d'annees Proconful en Afrique
merita les ornements triomphaux auec le tiltre d'Empereur, &
Gouuerneur des Efpagnes les maintint en paix ) qui fit plufieurs
memorables exploicts de guerre en Illyrie ( comme nous auons
dit cy-deuant ) car on auoit telle creance en luy, qu'on luy accordoit tout. Dolabella mefme, perfonnage de fignalee bonté,
l'imita en ce qu'il rangea auffi la plus grande partie de l'Illyrie.

Qui eſt-ce qui fera mention de leurs exploicts durant ſeize
annees, puis qu'ils ſont incertains & incogneus aux yeux & aux
eſprits des hommes? Ce ne fut pas par outrecuidance, ains par
pieté que Ceſar deïfia Auguſte.  Il ne le nomma pas ſeulement
Dieu, qui plus eſt, il l'enrolla au nombre des Dieux· La fidelité
fut remiſe ſus, la ſedition, l'ambition aux armees, & la diſcorde
de la Cour en furent chaſſees : laiuſtice & l'equité furent reſta-
blies dans Rome, leſquelles auoient croupy ſi long-temps ſoubs
la pouſſiere de l'oubliance. L'authorité couſtumiere fut renduë
aux Magiſtrats, la Majeſté au Senat, le reſpect aux Iuges, le tumulte du theatre appaiſé, & chacun fut contraint de bien-faire.
Les vertus furent honorees,& lesvices punis: le pauure priſoit le
riche ſans le craindre; & le riche deuançoit le pauure ſans le mé-
priſer. Quand eſt-ce que les viures ont eſté à ſi bon prix,& la paix
plus agreable? Paix dont ioüyſſoient toutes les contrees de l'O-
rient & de l'Occident, & laquelle eſtoit limitee des bornes du
Midy & du Septentrion. La liberalité de ce Prince ne pouruent
pas ſeulement aux pertes fortuites des Citoyens, mais encores à
celles des Citez : Teſmoin les villes de l'Aſie rebaſties, les Prouinces exemptees de l'iniuſtice des Magiſtrats, l'honneur rendu
à ceux qui le meritoient; la punition des meſchans fort tardiue,
encore bien petite : bref la faueur eſtoit ſurmontee par l'equité,
& l'ambition par la vertu: car l'exemple de ce Prince, plus grand
que ſon Empire meſme, inſtruiſoit ſes ſubjects à bien faire.

CXXVI.
*Amplification
ſur les loüanges
de Tibere.*

Les hommes Illuſtres ne ſe ſont gueres ſeruis de ſeconds à la
conduite de leur fortune, ainſi qu'ont fait les deux Scipions qui
ſe ſeruirent des deux Lælius,& s'eſgaliſerent à eux en tout; meſmes D. Auguſte, prit M. Agrippa, & apres luy Statilius Taurus,
comme compagnons. Et ceux-cy, quoy qu'iſſus de bas lieu, ne
laiſſerent pas d'atteindre à pluſieurs Conſulats, Triomphes &
Pontificats : car aux grands affaires ſont requiſes de grandes aydes, mais aux petites on ne manque pas de ſeruiteurs. Il impor-
te à la Republique de donner des dignitez à ceux qui leur ſont
neceſſaires, & d'affermir ce qui eſt vtile par authorité. Tibere
Ceſar nous en fournit vn exemple; qui en toutes ſes affaires les
plus principales s'eſt ſeruy & ſe ſert encore auiourd'huy de l'aſ-
ſiſtance de Sejanus Elius, iſſu de pere, qui eſtoit le premier de
l'ordre des Cheualiers,& d'vne mere, dont la race eſtoit fort noble, ancienne, & alliee à beaucoup d'honorables familles : Ses
freres, ſes conſins, & ſon oncle eſtoient Conſulaires. Quant à

CXXVII.

*Sejanus fauori
de Tibere.*

luy il est fort laborieux & fidelle, mesme son corps fresle d'ans se
ioinct à la vigueur de son esprit, personnage qui meslange ses trauaux d'vne ioyeuseté & gaillardise semblable en effect aux plus
pacifiques, ne presumant rien de soy-mesme, & pour ce esleué
aux plus hautes dignitez, ayant toute autre opinion de soy que
les autres, d'vn visage & vie paisible, & d'vn esprit surveillant.
Il y a long-temps que le iugement des Citoyens debat auec
celuy du Prince pour l'estime de sa vertu.

CXXVIII. On ne doit point penser que ceste coustume du Senat & du
peuple Romain soit nouuelle, d'estimer que le plus braue &
vertueux est le plus noble: Car les anciens mesmes, auant la premiere guerre Punique, il y a trois cents ans, honnorerent des
principales dignitez, & mesmes du Souuerain Pontificat Tit.
Coruncanus, homme le premier de sa race : & esleuerent aux
Consulats, Censures, & Triomphes, Sp. Caruilius, simple
Cheualier, ensemble M. Caton qui n'estoit qu'habitát de la ville
de Tusculum, comme aussi Mummius Achaïcus: Ceux qui prirent pour Chef (sans auoir esgard au nom Romain) vn C. Marius
(quoy qu'on ne sceust d'où il estoit sorty) paruenu neantmoins
iusques au sixiesme Consulat; & ceux qui attribuerent tant à M.
Fuluius, que par sa flatterie il acqueroit des Principautez à qui
bon luy sembloit; & qui ne refuserent à Asinius Pollio aucun de
ces tiltres d'honneur que la noblesse ne gaignoit qu'auec beaucoup de trauail, estimerent à la verité, *Que le merite d'vne ame ver-*
*tueuse estoit grand.* Tous ces beaux exemples des anciens esmeu-
rent Tibere à eslire Sejanus, pour l'ayder & le soulager aux im-
portantes charges & affaires de la Republique: & sçeut tellemét
persuader au Senat & au peuple Romain, que cela estoit pour
l'vtilité publique, que chacun pour estre en seureté s'est libre-
ment mis sous sa tutelle & conduite.

CXXIX. Mais ayant rapporté la forme generale de l'Empire de Tibe-
*L'Abregé des a-* re, reuoyons le tout par ordre. Auec quelle prudence fit il venir
*ctions de Tibere.* à Rome Rhascupolis qui auoit meurtry son neueu Cotys pour
estre seul Roy en la Thrace? en quoy il se seruit de Flaccus Pomponius Consulaire, nay à tout ce que l'equité commande de faire, & plus digne de gloire par sa seule vertu, que par aucune recherche qu'il en fit. Auec combien grande grauité entendoit-il
lès causes comme vn Senateur & Iuge, & non en qualité de
Prince? Auec quelle vistesse oppressa-il Libo ingrat, & qui ma-
chinoit de nouueaux troubles? Auec quel zele receut-il son

Germanicus pour vainqueur de l'Allemagne, apres qu'il luy eut
faict faire son apprentissage de guerre à sa suitte, & qu'il l'eut instruit de ce qu'il deuoit faire? De quels honneurs combla-il sa
ieunesse, l'ornement du triomphe s'accordant auec la grandeur
des effects qu'il auoit produits? Combien de fois monstra-il au
peuple ses liberalitez, & combien de fois augmenta-il les reuenus des Senateurs, lors qu'il le peut faire par l'authorité du Senat, de telle sorte qu'il n'inuitoit point à luxe, & ne permettoit
pas neantmoins qu'vne honneste pauureté fut abandonnee de
dignitez? Auec combien grand honneur enuoya-il son Germanicus és Prouinces d'outre-mer? Auec quelle force, s'estant seruy de l'ayde de Drusus son fils, & executeur de ses desseins, con-
traint-il Maroboduus, qui s'estoit retiré aux frontieres de son
Royaume qu'on luy auoit occupé (ne desplaise à sa Majesté)
comme vn vipere caché sous-terre, de sortir hors par la force des
medicamens souuerains de ses conseils? auec quel hôneur & en
toute seureté le retint-il? auec quelle admirable promptitude &
vertu supprima-il ceste guerre de si grande importance que Sa-
crouir Prince des Gaulois esmouuoit auec Florus Iulius? tellemét que le peuple Romain s'apperceut auoir vaincu auant que
sçauoir qu'il falluft combattre, & les nouuelles de la victoire ar-
riuerent plustost que celles du danger. Il esteignit encore en peu
de temps par ses conseils & par sa prudence la guerre espouuan-
table d'Afrique, qui s'augmentoit tous les iours.

    Combien de beaux edifices fit-il bastir en son nom & au nom
des siens? Auec quel soin & quelle deuote liberalité esleuee par
dessus la creance des hommes fit-il faire vn temple à son pere
Auguste? Auec quelle modestie d'esprit fit-il remettre en leur
premier estat ce qu'auoit fait faire autrefois Pompee, que le feu
auoit gasté? estimant qu'il falloit conseruer tout ce que l'antiquité a fait renommer pour son excellence, comme si c'estoit
chose qui le touchaft. Auec quelle largesse, apres le bruslement
du mont Cœlius, a il secouru de son patrimoine la perte qu'a-
uoient faicte plusieurs Citoyens des deux Ordres? Combien
pouruoyoit il dextrement pour le repos des mortels, aux choses
que lon craint ou dont l'on peut craindre aduenir du mal? Mais
si la nature le permet, ou que la mediocrité des hommes soit receuë de s'enquester des Dieux; Quels pechez Tibere a-il faits,
pour lesquels Drusus Libo desseignaft contre luy & la Republique tant de meschans conseils? Et pourquoy, Silius & Piso, l'vn

CXXX.

Ses aduersitez.

m iij

defquels il auoit mis en Dignité, & augmenté celle de l'autre,
eurent-ils de fi miferables deffeins? Venons aux plus grandes af-
flictiõs, qu'il ait receuës, combien qu'il ait affez prifees celles-là;
Qu'eft-ce d'auoir perdu fes ieunes fils? quoy d'auoir perdu le fils
de fon Drufus? Ces accidens certes font deplorables, mais ceux-
cy feront rougir. De combien de douleurs , M. Vinicius, ces
rrois derniers ans ont affligé fon efprit? combien de temps ( ce
qui eft du tout miferable ) vn feu fecret a embrazé fa poictrine,
contraint de fe mefcontenter auec courroux de fa bru Agrippina & de fon neueu Neron? Ce qui accreut encore fes afflictions
fut la mort de fa mere Liuia Augufta, femme excellente, & plus
femblable aux Dieux en toutes fes actions que non pas aux
hommes; car iamais elle n'exerça fa puiffance que pour deliurer
les affligez de danger, ou pour accroiftre les dignitez de ceux
qui le meritoient.

CXXXI.
*Vœu pour le
Prince.*

Finiffons ce liure par vn vœu. Iupiter Capitolin, toy Mars, autheur & fondateur du nom des Romains; toy Vefta fidelle garde des feux qui ne s'efteignét iamais; & tous vous autres Dieux
qui auez efleué ce grand Empire Romain fur tout le monde: ie
vous appelle en ayde, & vous prie de garder, preferuer & defendre ceft Eftat, & le maintenir en paix; & qu'apres auoir donné
longue vie à Tibere, vous luy donniez des fucceffeurs immortels, & qui ayent autant de forces pour fouftenir l'Empire de
toute la terre, que luy : & que les confeils de tous les Citoyens
ou deuots ***